# Tief im Herzen ist dein Platz ... mein kleiner Stern

Renate Thiel

1. Auflage 2012
©Persimplex Verlagsgruppe
Autor: Renate Thiel
Cover: Stefanie Kufahl
ISBN: 978-3-86440-122-0
www.persimplex.de
kontakt@persimplex.de

**Inhalt**

| | |
|---|---|
| Vorwort | 4 |
| So viel Mitgefühl | 5 |
| Plötzlich ist alles anders | 10 |
| Die Nähe Gottes spüren | 15 |
| Ein Traum in die Kindheit zurück | 19 |
| Die Trauerfeier | 24 |
| Die Sehnsucht | 29 |
| Nur die Liebe zählt | 33 |
| Jeder Tag ist ein Tag mit dir, mein Kind. | 40 |
| Möge ein Wunsch sich erfüllen | 46 |
| Jeder Tag ist ein Tag mit dir | 53 |
| Die Ruhe hilft bei Kummer und Leid | 67 |
| Tief im Herzen ist dein Platz | 73 |
| Nachwort | 79 |
| Exposé | 80 |
| Das ist mein zweites Buch. | 81 |

**Vorwort**

Ein junges Leben holte unser Herrgott in sein Reich zurück.
Ein Kind zu verlieren, das ist das Grauenhafteste, was auf dieser Welt passiert.
So viele Eltern trifft das gleiche Schicksal und sie stehen vor einer Hilflosigkeit!
Diesen Schmerz zu verkraften, das ist unmöglich, so glaubt man.
Was nun?
Um diesen vielen Vätern oder Müttern nahe zu sein, spreche ich hier über meine Trauer.
Ich werde drei Jahre zu Papier bringen mit der Sehnsucht nach meinem Kind!

Zu jeder Zeit denke ich, was wir gemeinsam in diesem Buch durchstehen.

Ihre Renate Thiel

## So viel Mitgefühl

Im Februar 2009 verstarb unsere jüngste Tochter Jessica, die an der Mukoviszidose litt. Wir, die Eltern Renate und Horst Thiel, verloren ein Mädchen mit einer unerschütterlichen Lebensfreude. Es tut weh, dass ihre Hoffnungen und Pläne unerfüllt bleiben müssen. Sie fehlt. Daran ist nichts zu deuteln. Viel zu früh ging ihr irdischer Weg zu Ende. Und angesichts ihrer Krankheit war das Verhältnis zu uns Eltern enger, als es sonst bei erwachsenen Kindern üblich ist. Sie brauchte elterlichen Rat und Beistand. Trotz aller Kämpfe um ihre Gesundheit, hängen gelassen hat sie sich, weiß Gott, nie. In der Schule hat sie die besten Noten geschrieben und trotz ihrer Krankheit wurde sie von Bayer nach ihrer Ausbildung zur Kauffrau übernommen.
Zweieinhalb Jahre konnte sie voll in ihrem Beruf arbeiten, bis die sich verschlechternden Lungenfunktionen ihr nur noch eine eingeschränkte Tätigkeit möglich machten. Aber sie hat nicht aufgegeben – auch nicht nach ihrer Lungentransplantation vor drei Jahren. Immer haben ihre Freunde ihr geholfen. Ganz besonders ihr Freund Stefan, der ihr seit dem 16. Lebensjahr in allem zur Seite stand.
Jessie lebte in der elterlichen Wohnung in Hitdorf – direkt am Bootshafen. Am Wasser zu leben, das war für sie das Schönste. Und vielleicht denkt auch sie noch manches Mal daran, wie sie sich schon als Kind gewünscht hatte, mit den Eltern Boot zu fahren. Oder ihr kommen Urlaubserlebnisse in den Sinn: Mit den Eltern bis nach Holland zu fahren, zum Ijsselmeer, zum Grevelinger Meer oder zur Nordsee. Boot fahren war ihr Leben. In den letzten Jahren war das ja so nicht mehr möglich.
Ganz besonders viel bedeutete ihr „der Stern, der ihren Namen trägt", der Jessica heißt! Und das Plakat, das dieses beurkundete, das war ihr kostbar und wertvoll. Immer wieder hat sie es betrachtet!

Wir alle müssen Abschied nehmen von Jessica, dankbar sein für alles, was sie uns war und immer sein wird, und traurig über ihren Tod.
Viele, viele Menschen, überwiegend jüngere, nahmen Abschied von Jessica! Nach der Trauerfeier sprachen die Trauergäste meinem Mann und mir ihr Beileid aus. Ich hatte das Gefühl, es nicht mehr lange auszuhalten. Doch plötzlich sollte es anders kommen. Wir waren nur unter Jessies Freunden, das tat gut. Die Horst und mich nicht kannten, die stellten sich vor und sagten uns, wie und wann sie unsere Jessie kennen gelernt hatten. Unsere Tochter wird ihre reine Freude gehabt haben, als sie ihre Eltern von dort oben beobachtete.
Die Beileidsbekundungen von diesen vielen netten Menschen nahmen geraume Zeit in Anspruch. Mit Verspätung kamen wir zum Kaffee. Unsere Martina hatte aber schon für die Verpflegung der Gäste gesorgt. Martina ist unsere ältere Tochter. Sie hat zwei herrliche Mädchen, unsere Enkelkinder.
Wir alle hatten einige anstrengende Tage hinter uns und nach der Trauerfeier waren wir nun endlich zu Hause!
Die Schuhe zuerst aus und dann auf den Sessel und die Beine hoch. Horst zündete die Kerzen an dem Bild von Jessica an. Sie hat ein kleines, verschmitztes Lächeln im Gesicht!
Und ich gehe meinen Gedanken nach. Vor meinen Augen schwirren viele Bilder durcheinander, ich muss sie ordnen. Sie sind alle von der Trauerfeier:
Viele Menschen standen draußen vor der Kapelle. Man hatte einen breiten Weg freigelassen und 6 Männer trugen einen blauen Sarg mit Sonne, Mond und Sternen darauf. Und da drin lag unser Kind. Sie schritten den Weg entlang bis zu einem Auto und dort wurde der Sarg hinein geschoben. Zusammen wurde das „Vaterunser" gebetet, ich streichelte noch einmal über den Sarg und die Türen wurden geschlossen.
Diese Gedanken machen mich ganz fertig. Ich stehe auf, setzte mich an den Laptop und schaute in einige Gästebücher von Jessica. Auch hier nur Trauer!

Ich zitiere:

Heute ist es soweit und wir haben endgültig Abschied genommen. Allen, die nicht da waren oder nicht konnten, muss ich sagen, es waren sehr viele Menschen zu dieser Trauerfeier gekommen. Da hat man gesehen, dass sie sehr beliebt war. Jessie, in Gedanken bleiben wir bei dir!

Ich kann es nicht glauben! Ich hatte dir so die Daumen gedrückt!
Schon immer wusste ich, dass du ein Engel bist ... jetzt bekommst du deine Flügel! Werde dich vermissen ...

Wenn einen so ein wunderbarer Mensch wie Jessie verlässt, dann gibt es keine Worte mehr. Nur noch Trauer und Dankbarkeit für die Zeit, die wir mit Jessie verbringen durften.
Mein tapferer Kampfzwerg, werde die schöne Zeit auf dem Bolzplatz nie vergessen!

Hallo an alle und besonders an die Familie,
auch ich habe eben davon erfahren und kann es nicht glauben, dass es so weit gekommen ist, einfach zu früh.
Wir haben uns Ende letzten Jahres erst wieder gefunden. Auch ich werde sie nicht vergessen und den letzten Weg mit ihr gehen. Das hat sie verdient!
Sie war ein Engel auf Erden, dann ist sie es auch im Himmel!

Es fällt mir schwer, meine Gedanken in Worte zu fassen.
Zu schwer liegt der Schleier der Trauer über Herz und Seele.
Wenn ich an Jessie denke, dann sehe ich sie mit einem Lächeln im Gesicht.
Ich kenne keinen Menschen, der jede Sekunde des Lebens so „aufgesaugt" hat wie du, keinen Menschen, der so ein Kämpferherz hatte wie du.
Von Zeit zu Zeit schickt der liebe Gott einen Engel zu uns auf Erden.

Nun hat dich der liebe Gott wieder zu sich zurückgerufen. Ich danke Gott, dass ich dich kennen lernen und wir die Reise namens „Leben" einige Zeit zusammen machen durften.
Du bist nun zu Hause, befreit von allem irdischen Leid.
Keiner von uns weiß, wie lange seine Reise noch anhält.
Aber ich weiß ganz sicher, wer uns zu Hause begrüßen wird ... Jessie!
Danke für alles!
We will see us in heaven in der Stadt der Engel in Weiß.
Ruhe in Frieden.
I miss you ... Mike

So viel Mitgefühl ist unbegreiflich und es war nur ein Teil von den vielen Bekundungen aus den Gästebüchern. Herr, unser Vater im Himmel, ich danke dir für jede Stunde, die wir mit Jessica glücklich sein durften auf dieser Erde. Wie steht es geschrieben: „Also bald im Mutterleibe, dass du mir mein Leben gabst und das „Wesen", dass ich hab und noch diese Stunde treibe, alles Ding währt seine Zeit, Gottes lieb in Ewigkeit." Dabei denke ich an Jessies „Wesen". Ein wunderbares Menschenkind! Meine Tränen kann ich nicht zurückhalten, es tut so weh.
Die weiteren Gästebucheintragungen werde ich in einigen Tagen ansehen, für heute hat es gereicht. Da ist gerade noch eine Eintragung eingegangen, aber für heute ist Schluss. Was steht da? Brief aus dem Himmel, so etwas gibt es doch nicht!
„An meine geliebte Familie!", das muss ich mir durchlesen!

Brief aus dem Himmel!
An meine geliebte Familie, etwas, das ich euch sagen möchte.
Als Erstes sollt ihr wissen, ich bin gut angekommen.
Ich schreibe euch vom Himmel, wo ich bei Gott wohne.
Wo es keine Tränen der Trauer mehr gibt, nur ewige Liebe.
Bitte seid nicht unglücklich, nur weil ich nicht mehr zu sehen bin.
Denkt daran, dass ich jeden Morgen, jeden Mittag und jeden Abend bei euch sein werde.

An dem Tag, an dem ich euch verlassen musste und mein Leben auf der Erde vorüber war, nahm Gott mich auf, umarmte mich und sagte: „Ich heiße dich willkommen. Es ist gut, dich wieder zu haben. Du wurdest vermisst, als du fort warst. Wie jetzt von deiner geliebten Familie. Sie werden später auch hier sein. Ich brauche dich hier so nötig als Teil meines großen Plans. Es gibt so viel, was wir tun müssen, um den sterblichen Menschen zu helfen."
Dann gab Gott mir eine Liste der Dinge, die ich für euch tun soll. Der größte Teil besteht darin, euch zu beobachten und für euch zu sorgen.
Und ich werde bei euch sein, jeden Tag, jede Woche und jedes Jahr.
Und wenn ihr traurig seid, bin ich da, die Tränen abzuwischen.
Und wenn ihr nachts im Bett liegt, die Alltagsmühen in die Flucht geschlagen sind, dann sind wir, Gott und ich, mitten in der Nacht bei euch.
Wenn ich an mein Leben auf der Erde denke und all die Jahre voller Liebe; sie müssen euch Tränen bringen, weil ihr nur menschlich seid.
Habt bitte keine Angst zu weinen, das erleichtert den Schmerz.
Bedenkt, es gäbe keine Blume, wenn es nicht auch Regen gäbe.
Ich wünschte, ich könnte euch sagen, was Gott alles vorhat.
Aber wenn ich es täte, würdet ihr es nicht verstehen. Doch eins ist sicher, obwohl mein Leben auf der Erde vorüber ist, bin ich euch näher als je zuvor.
Und meine lieben Freunde, vertraut darauf, dass Gott es am besten weiß.
Ich bin gar nicht weit von euch entfernt, ich bin nur jenseits des Hügels.
Ihr habt steinige Wege vor euch und viele Berge zu erklimmen, aber gemeinsam können wir es schaffen, einen Tag nach dem anderen.
Das war meine Philosophie und ich hoffe es für euch auch: Wenn du der Welt etwas gibst, wird die Welt dir etwas geben.
Wenn du jemanden in Kummer und Schmerz helfen kannst, dann kannst du Gott am Abend sagen: Mein Tag war nicht vergebens.
Und ich bin jetzt zufrieden, dass mein Leben etwas wert war, weil ich weiß, dass ich jemanden, dem ich begegnete, zum Lachen brachte.
Wenn du jemanden triffst, der niedergeschlagen und in gedrückter

Stimmung ist, reich ihm deine Hand und hilf ihm auf, während du vorübergehst.
Wenn du die Straße entlanggehst und ich komme dir in den Sinn, dann gehe ich in deinen Fußspuren gerade einen halben Schritt hinter dir.
Und wenn du diese sanfte Brise oder den Wind auf deinem Gesicht fühlst, das bin ich, der dich fest drückt oder nur sanft umarmt.
Und wenn es für dich Zeit ist, deinen Körper zu verlassen, um frei zu sein, denke daran, dass du nicht gehst, sondern hierher zu mir kommst.
Und ich werde dich immer lieben aus diesem Land hier oben.
Wir treffen uns bald!

Im Augenblick bin ich beeindruckt. Diese Erkenntnis ist mir einfach zu hoch, ich kann sie nicht begreifen. Es wird noch ein langer Weg der Trauer sein, bis ich bereit bin, so zu denken! Ich lobe unsern Herrn und bitte ihn, mir dabei zu helfen. Zeige mir deine Wege und ich werde folgen!


**Plötzlich ist alles anders**

Die Trauerfeierlichkeiten gehen wie im Traum an uns vorbei. Der Alltag umgibt uns und zieht mich und meinen Mann wieder in seinen Bann. Es ist unbeschreiblich, wie es in unserem Inneren aussieht. Wir haben etwas verloren, was wir umhegt und gepflegt haben. Es tut so weh! Ich kann überwiegend nur von mir sprechen, denn Männer trauern anders, sie können es nicht so zeigen.
Es ist Februar und der Winter hat noch einmal kalte Tage mitgebracht. Zu den Friedhofbesuchen gehen wir getrennt, so kann jeder mit seinen Gedanken alleine sein. Das ist für uns beide sehr wichtig. Ein jeder von uns achtet darauf, dass immer eine Kerze brennt. Jessica hat einen schwarzen, glänzenden Grabstein, den ich sogar abwische, wenn es geschneit hat, damit der Name frei bleibt. Das ist halt mein Fimmel. So soll es sein! Ich gehe sehr gerne auf den Friedhof. Am Grab unterhalte ich mich mit Jessie und irgendwo hört sie mich! Verlasse ich den Park

„unserer Lieben", habe ich oft das Gefühl, dass sie mich begleitet und ich spreche mit ihr.
Der Schmerz und die Traurigkeit werden immer schlimmer. Es ist eigenartig, es ist mir nicht möglich, in meinen Gedanken ein fröhliches Bild von Jessie zu sehen. Immer wieder sehe ich ihr Gesicht in den letzten Tagen auf der Intensivstation. Das Gleiche passiert auch in meinen Träumen. Mein Horst hat ganz normale bildliche Erinnerungen. Er sieht seinen Schatz so, wie sie lebte.

Zu Hause wird von unserem Kind sehr viel gesprochen, aber auch mit ihr! Wird gekocht, heißt es: „Das hat Jessica auch gerne gegessen."
Kommt eine bestimmte Serie im Fernseher, heißt es:
„Das war Jessies Serie."
Und so geht es unentwegt! Allerdings, das macht uns glücklich. Wir lachen auch über schöne Erlebnisse mit unserem Kind. Es ist gut, einen Partner zu haben, mit dem man in der Trauer auf einer Wellenlänge liegt. Aber es gab auch Zeiten, da brauchten wir auch unseren Alleingang, um der Tochter sehr nahe zu sein. Dann kam ein Gefühl auf, als hätte man dem Partner nichts mehr zu sagen. Ich empfand es so! Und ich glaubte dann, mein Horst liebt mich nicht mehr. Dann wurde ich ungerecht und gab ihm zu verstehen, dass alles falsch war, was er machte. Ich litt an dieser Krise und dachte keineswegs daran, dass auch er leiden könnte. Die Erkenntnis, dass ich einen großen Fehler beging, kam mir ganz plötzlich.
Am Abend setzte ich mich zu meinem Mann. Es war sehr schlimm, dass ich mich in meiner Traurigkeit so verhalten hatte. Ich entschuldigte mich! Wir nahmen uns in den Arm, drückten uns und versprachen einander, bei der nächsten Unstimmigkeit über das Thema zu reden. Aber soweit möchte ich es nicht mehr kommen lassen.
Horst legte dann den Arm um mich und meinte:
„Weißt du, hätten wir jetzt noch unseren kleinen Hund, dann wäre es unsere Aufgabe, mit ihm zu spielen, spazieren zu gehen und ihn zu beschützen."
Da war es raus! Ich fiel meinem Mann um den Hals.

„Schatz, das ist es, was uns fehlt. Damit verschwindet nicht unsere Trauer, aber wir haben wieder eine Aufgabe und Ablenkung. Und mein Horst kann wieder sagen: Ich kann leider nicht mitgehen, denn ich muss auf den Hund aufpassen."

Gesagt, getan! Am Abend rufe ich noch unsere Tochter an und berichte ihr von unserem Vorhaben. Sie ist begeistert und erzählt uns die Geschichte von Obamas Hund, der für Allergiker sein soll. Wir werden der Sache nachgehen! Meine Aufgabe ist es, mich im Internet schlauzumachen und nach einem geeigneten Hund zu suchen. Diese Rasse heißt Perro de Agua Espanol, bekomme ich heraus. Zwei Hunde im Alter von einem Jahr sind in der Nähe von Lübeck zu haben. Vom Tierarzt benötigen wir eine Bescheinigung, dass wir immer Hundebesitzer waren und die Tiere ordnungsgemäß behandelt und gepflegt würden.
Mit dieser Bescheinigung ging es nun nach Lübeck. Die Tiere wurden in einem gepflegten Zustand durch den Verein bei einer Hundetrainerin gehalten. Bei beiden Hunden war das Fell lockig wie bei einem Schaf. Sie haaren nicht, das Fell wächst immer weiter und wird zwei- bis dreimal im Jahr geschoren.
Die Entscheidung fiel auf den Pepper, weißes Fell mit braunen Flecken an den Ohren, im Gesicht und am Hinterteil. Den kleinen Kerl hatten wir sofort in unser Herz geschlossen und wir begaben uns mit ihm auf die Rückfahrt. Auf halber Strecke machen wir Pause, unser Pepper musste mal Gassi gehen. Er machte sein Geschäft und wollte wieder ins Auto. Er bekam noch zu trinken und zu knabbern. Die Fahrt ging bei schönstem Wetter weiter in Richtung Heimat. Zwischendurch schaute er neugierig zu uns herüber und dann schlief er wieder zufrieden ein.

Unsere Tochter Martina wartete mit ihren zwei Mädchen in unserem Haus auf das neue Familienmitglied. Der Augenblick war gekommen! Wir fuhren die Einfahrt hinauf, Kim und Lea standen sofort am Auto und schauten durch das Fenster. Der Opa machte die Hecktüre auf und wir erlebten eine Begrüßung, als hätte man sich wochenlang nicht mehr gesehen.

Der Pepper ging den Weg bis zur Haustür und in die Wohnung nicht wie ein Neuankömmling, sondern wie jemand, der wieder da ist. Ich stand da, beobachtete das ganze Treiben und hatte das Gefühl, das geht doch nicht mit rechten Dingen zu.
Die Kinder liefen mit ihm in den Garten und tobten über die Wiese. Der Pepper wäre gerne in den Teich gesprungen, aber bei „Nein!" ging er zurück!
Na ja, das mache ich das nächste Mal, dachte er bestimmt.
Es war ein schöner Nachmittag, die Kinder mussten nach Hause und wir verabschiedeten uns. An der Straße schauten wir den Dreien nach und der Pepper ging mit seinem Köpfchen hin und her! Man nimmt mir mein Spielzeug, dachte er wohl, und schon lief der Pepper hinter dem Auto her.
Ich rief und winkte!
Gott sei Dank sah es unsere Tina im Rückspiegel, sie hielt sofort an und brachte den Pepper zurück. Das war der erste Schreck!

Am Abend, unser Hund lag schlafend auf seiner Decke und Horst saß im Sessel, legte ich mir eine Jacke über die Schultern und ging auf die Terrasse. Ich setzte mich in den Schaukelstuhl und schaute in den sternenklaren Himmel. Ich sprach mit Jessica und die Tränen liefen mir über die Wangen.
Mein Kind, verzeihe mir, dass ich deinen Schäferhund-Mischling zurückgeben musste. Er wurde zu Kindern und fremden Menschen bösartig und hat einen Bekannten in den Arm gebissen. Es war Gott sei Dank nicht sehr schlimm. Schon bei dir hatte ich immer Angst, er könne dich mal anfallen. Mein Schatz, ich liebe dich so sehr, dass ich verzweifeln könnte.
Plötzlich stand der Pepper neben mir und leckte mir die Hand! Ein Hund spürt die Traurigkeit des Menschen.

Der Sommer zeigte sich in diesem Jahr von seiner schönsten Seite!
Ein neuer Tag im August brachte uns Sonnenschein und unser Hunde-Sonnenschein kam mir entgegengelaufen. Horst und Pepper hatten

schon ihren Wald- und Wiesenrundgang gemacht und ich meinen häuslichen Rundgang in der oberen Etage. Nun wurde gefrühstückt und Mister Hund bekam seine Silberschüssel gefüllt. Horst blieb danach im Haus und ich fuhr zum Friedhof. Dort angekommen, merkte ich schon, es war heute nicht mein Heldentag. Ich musste einen Weg finden, um zu begreifen, dass Jessie nicht mehr da war. Vom Grab konnte ich zur Kirche sehen und ich fühlte mich hingezogen. Am Sonntag werde ich mal wieder in den Gottesdienst gehen, dachte ich, der Pastor wird mich jetzt des Öfteren sehen.

In unserem Gemeindehaus hing eine Einladung: Meditation - zur Ruhe kommen vor Gott - den Alltag unterbrechen. Der Wunsch zur Meditation überkam mich.
Zuvor kaufte ich mir Bücher zur Aufklärung. Während des Lesens wurde ich immer unruhiger. Die Sehnsucht überfiel mich immer mehr. Einmal möchte ich mein Kind sehen! Solche Gedanken standen mir eigentlich nicht zu und ich schämte mich deshalb. Dann las ich weiter, von unserem Schutzengel, der uns begleitet, und ich musste es zweimal lesen, bevor ich es richtig verstand.
Jede lebende Seele hat einen Schutzengel. Schon vor der Geburt ist er mit uns verbunden und soll unsere Seele auf Erden beschützen und im Tod in die geistige Welt begleiten. Die geistige Welt ist unsere eigentliche Heimat. Ein Schutzengel ist unsere ganz persönliche Seelenverbindung. Verstorbene Angehörige können das nicht sein, es auch nicht werden. Ein geistiger Helfer kann uns auf Erden beistehen.
Es beruhigte mich zu wissen, dass mein Kind in der geistigen Welt, ihrer eigentlichen Heimat, ist. Überrascht war ich zu lesen, „wenn ein Kind in diese Welt geboren wird oder ein Mensch im Begriff ist zu sterben, beides ist jeweils eine Geburt in die physische bzw. die geistige Welt."
Dieses jetzige Wissen hat mich sehr ergriffen, allerdings zum Positiven hin. Der Glaube an die Wiedergeburt ist intensiver geworden, der Glaube an Gott stärker. Er hilft mir, den Tod zu begreifen!
Die Liebe sitzt im Herz tief drinnen und der Schmerz kann so schnell nicht entrinnen.

**Die Nähe Gottes spüren**

Ich bin bereit, zur Meditation zu gehen. Ich bin angemeldet und früh genug erschienen. Es folgt eine kurze Vorstellung und eine Erklärung zum Vorgang. Wir betreten den Meditationsraum und ab jetzt wird nicht mehr gesprochen. Vor jedem liegen eine Matte und ein Meditationsbänkchen. Wir verbeugen uns und ein jeder setzt sich auf das Bänkchen.
Der folgende Text wird von einer Person gesprochen, von Dag Hammarskjöld:

Ich sitze hier vor dir, Herr, aufrecht und entspannt, mit geradem Rückgrat.
Ich lasse mein Gewicht senkrecht durch meinen Körper hinunter sinken auf den Boden, auf dem ich sitze.
Ich halte meinen Geist fest in meinem Körper.
Ich widerstehe seinem Drang, aus dem Fenster zu entweichen an einen anderen Ort als diesen hier, in der Zeit nach vorn oder hinten auszuweichen,
um der Gegenwart zu entkommen.
Sanft und fest halte ich meinen Geist dort, wo mein Körper ist:
Hier in diesem Raum.
In diesem gegenwärtigen Augenblick lasse ich alle meine Pläne, Sorgen und Ängste los.
Ich lege sie jetzt in deine Hände, Herr.
Ich lockere den Griff, mit dem ich sie halte, und lasse sie dir.
Für den Augenblick überlasse ich sie dir.
Ich warte auf dich – erwartungsvoll.
Ich beginne die Reise nach innen.
Ich reise in mich hinein zum innersten Kern meines Seins, wo du wohnst. (anonym)

Ich finde meinen Frieden – die Herzensruhe.
Nach einer Stunde ist die Sitzung beendet und der Gong erschallt! In mir ist eine Ruhe eingekehrt, ich habe das Gefühl, unserem Herrn sehr nahe zu sein.
Ich fühlte, dass jemand die Hand auf meinen Kopf legte. Anders kann ich es nicht erklären, mir war es so!

In der folgenden Woche nahm ich die Ruhe des Meditierens in mich auf und sie stärkte mein ganzes „Ich". Jetzt freute ich mich jede Woche auf den Meditationskreis, es half mir vieles zu akzeptieren, was meine Trauer anbetraf. Leise in sich weinen und man ist etwas getröstet für den Augenblick. Wie so oft habe ich das Gefühl, meine Tochter steht mir zur Seite. Die Liebe verbindet uns und dieses Band kann niemand zerreißen! Jessie wird mir als geistiger Helfer auf Erden beistehen. Daran glaube ich!
Der Tod eines Menschenkindes lässt uns verstummen. Wir sehen uns allein gelassen. Alleingelassen auch mit unseren Gedanken, Urteilen, mit dem, was dieses Menschenleben war, was es von nun an sein wird. Wir suchen nach einem Wort, das die Vergangenheit und die Zukunft verständlich macht. In diese, unsere Sprachlosigkeit hinein sagt Christus klare Worte:
„Was ihr für einen meiner geringsten Brüder getan habt, das habt ihr mir getan." (Mt 25,40)
Im Augenblick des Todes bekommt das Leben einen anderen Akzent. Die Maßstäbe, mit denen wir messen, ändern sich. Was wichtig war, wird unwichtig. Dinge, denen wir keine Bedeutung gaben, treten in den Vordergrund. Wir sind ratlos und unsicher. Wahrscheinlich hoffen wir, in das gewohnte Denken und automatische Urteilen möglichst schnell zurückzufinden. Wir sollten es nicht, ohne die Worte des Evangeliums mit unserem Leben und dem der Verstorbenen konfrontiert zu haben.
„Was ihr für einen meiner geringsten Brüder getan habt, das habt ihr mir getan." Das Leben dieses Kindes war für uns eine Gottesbegegnung. Jedes Mal, wenn wir ihr geholfen haben, ihr Gutes taten, ihr in ihrer Not beistanden, wenn wir uns ihr nicht verschlossen haben und das

Unsere an ihr verschenkten, sind wir Gott begegnet. Es war für uns ein Weg und die Brücke zu Gott.

Vielleicht ist uns das nicht bewusst geworden. Wahrscheinlich ging es unter in der Fülle der Erlebnisse, die das Leben an uns heranträgt. Aber heute wird es uns bewusst. Und dabei sollten wir mit Dankbarkeit verweilen.
Sie hat uns Gott gezeigt, Gott erleben lassen. Auch wenn sie sich dessen nicht bewusst war und wir es nicht bedachten. Aber in allem, was wir für unser Kind getan haben, gilt das Wort der Schrift: „Was ihr für einen meiner geringsten Brüder getan habt, das habt ihr mir getan."
Traurig wird uns in diesem Augenblick bewusst, wie viel wir der Tochter verdanken.
Sie hat uns in ihrem Leben reichlich beschenkt. Jessica möge bei Gott ihre Erfüllung finden!
Danke für die Jahre, die Gott uns mit ihr schenkte, in der Tiefe unseres Herzens ist ihr Zuhause!

Die Worte des Evangeliums sind nicht für jeden verständlich, aber können für jeden bestimmt sein. So sagt es unser Pastor, der aus den Versen der Bibel eine verständnisvolle Predigt zelebriert. Die Gottesdienste und deren Gestaltungen können beeindrucken.
In Bergisch-Neukirchen, das Tor zum Bergischen Land, steht unsere wunderschöne Kirche.
„Das Schatzkästlein" nennt die evangelische Gemeinde Bergisch-Neukirchen stolz ihre Kirche. Und das ist keine Übertreibung. Denn wer das Gotteshaus betritt, staunt sogleich über die kunstvoll gestalteten Prinzipalstücke – Altar, Kanzel und Orgel sind übereinander angeordnet – und dann die kostbare Ausmalung im Kirchenschiff.
In diesem Schatzkästlein kann ich beten, weinen, trauern, glücklich sein und am Gottesdienst teilnehmen. Hier fühle ich mich geborgen und Gott ist bei mir „alle Tage, bis an der Welt Ende!"
In diesem Sinne und in der Nähe unserer Gemeinde fanden Horst und ich eine sehr schöne und große Eigentumswohnung. Einmal um die

Ecke und wir können mit dem Pepper durch die große Kastanienallee an der Wupper spazieren gehen. Über die Wiesen kann er mit anderen Hunden toben und in der Wupper schwimmen.

Mit der Zeit haben Horst und ich die Wohnung geschmackvoll eingerichtet und fühlen uns in Opladen einigermaßen wohl. Meine bessere Hälfte ist schnell in Berg-Neukirchen und in Pattscheid. Das ist seine Heimat! Zusammen haben wir dort viele Jahre gewohnt, viel erlebt und waren in diesem schönen Stadtteil auch Königspaar und sehr glücklich. Horst lebte ganz und gar für seine Freiwillige Feuerwehr und ging später zur Berufswehr. Die Dorfgemeinschaft hielt mich in trapp. Im ganzen Jahr gab es immer wieder Augenblicke, wo gearbeitet, aber auch gefeiert wurde. Viele Freundschaften verbinden uns mit diesem Ort. Doch plötzlich ist alles anders! Wir ziehen uns immer mehr von Freunden zurück. Spricht mich auf dem Friedhof jemand an, fange ich sofort an zu weinen. Das scheint ein Grund zu sein, dass ich mich zurückziehe. Ich bin lieber alleine!

Bei Horst ist es anders; er weint nicht, er ist traurig und verbittert, das Liebste musste von ihm gehen. Diese Trauer empfindet mein Mann genauso und ist mir darin gleichgestellt.

Es ist noch Sommer und ein warmer Donnerstag im August 2009. Es ist Wochenmarkt und wir marschieren langsam in Richtung Markplatz. Fast an jeder Ecke bleibe ich stehen und muss dem Horst viel erzählen. Genau hier ist Opladen meine Heimat! Wir kommen jetzt an meinem Elternhaus vorbei, das auch noch von Verwandten bewohnt wird. Hier gibt es sehr viel zu berichten, denn meine Schwester und ich waren zu der damaligen Zeit nicht gerade die liebsten Kinder. Der Kochlöffel tanzte des Öfteren auf unserem Allerwertesten. Den Markt hatten wir erreicht.

Es macht Spaß einzukaufen, zu bummeln und zum Abschluss ein leckeres Fischbrötchen zu essen. Auf dem Rückweg kommen wir an einer alteingesessenen Gaststätte vorbei und wir nehmen uns vor, hier ab und zu mal Essen zu gehen. Damit beginnen wir dann auch gleich. Ein kleiner Spaziergang bis zur Gaststätte. In einer erhöhten Sitzecke

bekommen wir einen übersichtlichen Platz. Die Speisekarte ist empfehlenswert und für die reichliche Kost ist es auch noch preiswert. Die Gäste zu beobachten macht uns Spaß, denn es verkehrt hier ein nettes Publikum. Wir erzählen uns alte Geschichten aus unserer Jugendzeit und haben viel Grund zum Lachen.
Es gab lange nicht mehr so einen schönen Abend!


## Ein Traum in die Kindheit zurück

Mit diesen so schönen Erinnerungen vom Tage ging ich ins Bett. Ich dachte an meine Kindheit, an meine Eltern und besonders an meine Mutter, die im März 1953 mein Schwesterchen gebar, das zu früh verstarb. Wie mag sie es verkraftet haben?
Beim Einschlafen sah ich mich und meine Schwester in einem Karnevalskostüm. Meine Mutter hatte uns aus Stoffresten Kostüme genäht. Unsere Stiefel sind rot und passen einigermaßen zum Kostüm. Meine Schwester Gitte war schon wieder am Heulen.
„Das soll ein Funkenkostüm sein?"
„Stell dich nicht so an, du hast zwei Möglichkeiten, entweder bist du Funkenmariechen oder eine fesche Ungarin", sagte ich. „Mit ein bisschen Fantasie haben wir beides."
Uns blieb nichts anderes übrig!

Die fünfte Jahreszeit 1953 hatte begonnen. Wir Kinder erwarteten mit großer Freude den Rosenmontagszug. Heute am 20.02.53 war es soweit. Gitte und mich hielt nichts mehr in den Betten. Unserer Mama halfen wir heute freiwillig, den Frühstückstisch zu decken. Unser Zimmer hatten wir schon gemeinsam aufgeräumt und die Betten gemacht! Irgendwie konnten wir uns selber nicht begreifen. Das sollte uns mal einer von den Nachbarskindern nachmachen, und alles ohne Zank. Wie lange wird das wohl gut gehen?
Gegen 10 Uhr schellte es und einige Kinder wollten uns zum Spielen holen. Klasse, ohne zu meckern durften wir. Um 12 Uhr seid ihr zum

Essen zurück! Jawohl! Die Kinder von unserer Linden-, Garten- und Birkenbergstraße gehörten zu uns. An der Ecke Birkenbergstraße waren wir vollständig. Das bedeutete 14 Kinder. Gar nicht weit, 3 Ecken weiter, war schon die Hauptverkehrs- und Geschäftsstraße. Von hier aus, Opladen–Kreisstadt, fuhr die Straßenbahn, genannt die „O", nach Köln. Wir Pänz liefen durch die Stadt, wo sich auch heute Mittag der Rosenmontagszug durchschlängelte. Von oberhalb der Hauptstraße sahen wir die Altstadtfunken mit ihrem Fanfarencorps kommen.
Jetzt ging die Freude mit mir durch, und wenn ich das Trömmelchen hörte, erst recht. Bald waren sie auf unserer Augenhöhe und das Mariechen tanzte und die Funken warfen sie in die Höhe. Von Erwachsenen hörten wir, dass die Gesellschaften sich alle zum Mittagessen in der Stadthalle treffen wollten. Oh ja, dann werden wir die anderen auch noch sehen! Und so marschierten die Stadtgarde, die Prinzengarde, die Wupperveilchen und die Neustadtfunken hinterher. Die Zeit für uns alle wurde knapp, denn um 12 Uhr hieß es zu Hause antreten. Die Pünktlichkeit war vorbildlich!

Während des Essens wurde grundsätzlich nicht gesprochen. Heute ließ man uns erzählen. Wie kommt es wohl? Ich denke, unsere Eltern sind mal neugierig, was in der Welt der Jecken so alles passiert! Gestern, am Sonntag, setzte sich der Jecken-Zug in Wiesdorf in Bewegung und heute in Opladen. Das wäre für eine Hochschwangere etwas zu viel geworden, wenn sie mit uns auch noch nach Wiesdorf gegangen wäre. Und wir Kinder alleine, dafür waren wir noch zu jung, Gitte acht und ich zehn Jahre alt.
Heute ist auch Papa mit von der Partie. Der ist sehr groß und kann gut Süßigkeiten fangen. Um 14 Uhr 11 setzt sich der Lindwurm in Bewegung. So müssen wir uns bewegen, damit wir einen guten Platz bekommen. Ich gehe mit Mama ein paar Schritte vor und wage zu fragen:
„Wann wird das Baby denn geboren?"
„In etwa vier Wochen, Renate!", jetzt war ich sehr stolz, dass ich eine Antwort bekommen hatte. Bisher war es immer ein Tabuthema.

Einen phantastischen Stehplatz haben wir gefunden, mit Karnevalsmusik und Getränkestand. Die Stimmung ist hier hervorragend. Jeden Augenblick müssten wir den ersten Wagen sehen. Die Menschen schreien schon „Kamelle, Kamelle". Die Süßigkeiten fliegen durch die Luft.
Musikkapellen, Fußvolk in bunten Kostümen, Karnevalsgesellschaften mit ihren prunkvollen Wagen und der Schmuckwagen des Prinzen zogen etwa über eine Stunde an uns vorbei. Das Gesamtbild war einfach prachtvoll.
Zufrieden traten wir den Heimweg an. Zu Hause teilten wir unsere Süßigkeiten und stellten fest, dass es sich gelohnt hatte. Soviel bekamen wir sonst nicht auf einmal und das bedeutete, einteilen und genießen.

Am nächsten Tag, dem 21. März, war Frühlingsanfang. Und so war auch das Wetter. Strahlend blauer Himmel, die Sonne schien und die Temperaturen waren schon angenehm. Wir durften unsere Kniestrümpfe anziehen und gingen gut gelaunt in die Schule.
Doch mittags war zu Hause alles anders! Die Mama war nicht da, der Papa hatte sie ins Krankenhaus gebracht und blieb auch noch bei ihr. Zur Oma, die eine Etage über uns wohnte, gingen wir zum Essen. Sie erzählte uns, die Wehen hätten begonnen. Darum sei die Mama im Krankenhaus.
Gitte stieß mich an.
„Was sind denn Wehen?"
„Das sind Schmerzen, die bekommt eine Frau, wenn das Baby kommen will."
„Ach so, und jetzt bekommen wir einen Bruder oder ein Schwesterchen?"
„Ja Gitte, du hast es richtig verstanden."
Die Oma hatte leckeres Gemüse mit Bratwurst gekocht.
„Das schmeckt bei dir besser Oma, ach ich meine anders!"
„Das will ich auch meinen", sagte eine Stimme, die sich wie die von Papa anhörte. „Dotz und Dickes, ihr habt ein Schwesterchen bekommen,

und so ein kräftiges und großes Baby hat es im Krankenhaus schon lange nicht mehr gegeben. Ich habe jetzt ein Dreimädelhaus." Und das sagte er mit großem Stolz. Dotz sagte er zu mir, Dickes zur Gitte.
„Renate, kommst du mir beim Spülen helfen?", rief die Oma.
„Ja Oma, sofort."
Opa kam aus dem Garten und die beiden Senioren gratulierten dem Papa mit viel Freude. Wie soll denn die Prinzessin heißen?"
„Wir dachten an Margot."
Alle fanden, dass es ein schöner Name war. Ein paar Tage musste unsere Mama im Krankenhaus bleiben, weil sie nach der Geburt mit einigen Stichen genäht worden war. Gitte und ich nahmen uns vor, für einige Zeit etwas lieber und hilfsbereiter zu sein.

Es soll heute ein freudiger Tag werden! Der Papa kann die Mama mit der Margot aus dem Krankenhaus holen. Ich sitze in der Klasse und kann nicht mehr richtig denken. Die Lehrerin hat es schon gemerkt und hat Verständnis dafür. Gitte und ich haben zur gleichen Zeit Schule aus. Unseren Heimweg laufen wir beide besonders schnell. Der Papa hat uns schon gehört und öffnet uns. Erst begrüßen wir die Mama und nun kommt der spannende Augenblick! Der Blick ins Kinderbett.
Die Margot schläft zufrieden, ein Baby mit wenig blonden Haaren auf dem Köpfchen, langen Wimpern und rosafarbigen dicken Wangen. Einfach süß! Gitte ist so begeistert von den kleinen, kräftigen Händchen, sie streichelt vorsichtig über die Finger.
„Jetzt werden wir erst essen, Kinder", sagt Mama.
„Ja, und dann werden wir spülen."
Die Mama stockt.
„Was ist denn hier los? Das kenne ich ja gar nicht!"
„Wir wollen uns etwas bessern", meint Gitte.
„Na ja, dann! Ja, dann!"
Ich schaue Mama nach, das kennt sie nicht. Die Margot schläft noch, so machen wir noch die Hausaufgaben. Wir haben beide etwas gehört und gehen in die Küche. Richtig, das Baby ist wach geworden. Papa, Gitte und ich stehen um den Tisch und warten, dass Mama die Kleine

aus dem fahrbaren Kinderbett herausnimmt. Mama legte sie auf den Wickeltisch und zieht sie aus. Dabei kräht sie, ihre Äugelchen hat sie weit aufgerissen und schaut durch die Gegend. Hell und Dunkel kann sie schon unterscheiden. Ganz stramme Beinchen hat die Maus, man merkt schon, dass sie ein gutes Geburtsgewicht hatte. Es macht Spaß, mit der Kleinen zu spielen.

Die ersten Wochen reicht die Muttermilch, dann muss zugefüttert werden, sonst wird sie nicht satt.
Der Kinderarzt ist von der Margot begeistert. Sie ist ein gesunder Wonneproppen und immer freundlich. Mit ihrem halben Jahr ist sie Gleichaltrigen um einiges voraus. Ich darf mit der Margot bei schönem Wetter ab und zu spazieren gehen. Dabei erzähle ich ihr etwas und singe so manches Kinderlied. Sie lacht mich an und öfters lacht sie vor Freude ganz laut. Es sind schon Leute stehen geblieben und fragten: „Wer lacht denn da so herzhaft?" Und sie schauten in den Kinderwagen.

Es ist Anfang Oktober, die Margot hat in der vergangenen Nacht überwiegend geweint. Die Mama lief mit der Kleinen durch die Wohnung, kochte ihr Tee, legte sie auf den Bauch und streichelte ihr über den Darm. Am frühen Morgen wurde ihr Bauch beängstigend dicker. Der Kinderarzt wurde gerufen und kam auch sofort. Er untersuchte die Margot sehr gründlich und sein Verdacht war Darmverschluss. Er bestellte den Rettungswagen und die Kleine wurde nach Köln in die Lindenburg gebracht. Sie bekam etwas gegen die Schmerzen und meine Mama durfte mitfahren. Meine Schwester und ich wurden von der Oma versorgt.
Mittags erfuhren wir von der Oma, dass der Papa auch noch nach Köln gefahren ist, weil unser Schwesterchen notoperiert werden musste. Das tat uns furchtbar weh und wir wünschten unserem Baby, dass es nicht so schlimme Schmerzen nach der Operation hatte.

Es ist 17 Uhr 30, unsere Eltern sind mit dem Auto vorgefahren. Ich ruf zur Oma, dass was passiert sein muss, weil die Mama weint. Die

Mama kommt auf mich und Gitte zu, drückt uns und hält uns ganz fest. Sie kann nicht aufhören zu weinen. Da kommt der Papa dazu, nimmt die Mama, setzt sie hin und sagt ganz traurig:
„Euer Schwesterchen ist gestorben."
Da fangen auch Gitte und ich an zu weinen!

## Die Trauerfeier

Heute ist der 07.10.1953 und unser Schwesterchen Margot ist um 16 Uhr 15 bei einer Darm-Operation verstorben. Die ganze Verwandtschaft sitzt zusammen und hat vieles zu besprechen. Gitte und ich sitzen lieber im Flur auf der Treppe für uns ganz alleine. Die Gedanken sind bei der Kleinen und wie sie nachts die großen Schmerzen hatte. Gitte sagt:
„Jetzt ist die Margot bei unserem lieben Gott und da hat sie keine Schmerzen mehr."
Da sind wir uns einig.
„Ich gehe mal in die Küche und hole uns was zu trinken, oder willst du mitgehen, Gitte?", sage ich.
„Nein, ich bleibe hier sitzen!"
Die Mama kommt in die Küche und gießt uns etwas zu trinken ein.
„Ihr könnt auch rein kommen?", meint sie.
„Nein, wir sitzen gut auf der Treppe."
Als ich wieder rauskomme, sitzt Gitte weinend auf der Stiege. Ich tröste sie und erzähle ihr, dass ich mitbekommen habe, dass morgen das Beerdigungsinstitut Margot in dieses Haus bringen wird zur Totenwache. Das hatte ich schon einmal irgendwo gehört, dass es so gemacht wird.

Mama und Papa lassen uns entscheiden, ob wir zur Schule gehen wollen. Wir wollen aber in die Schule! Da bekamen wir nicht so viel von dem ganzen Treiben hier mit.
Mama und Papa tun uns sehr leid. Sie müssen die Hälfte von einem

Zimmer ausräumen, damit es geschmückt werden kann für die Trauerfeier. Und Margot wird darin aufgebahrt. Wir alle sollen die Wohnung erst wieder betreten, wenn das Beerdigungsinstitut fertig und die Tür zum Trauerzimmer geschlossen ist.
Zum Mittagessen gehen wir zur Oma rauf und machen dort auch unsere Hausaufgaben. Es ist alles so traurig.
Es ist so weit. Unsere Wohnung kann wieder betreten werden. Gitte will noch nicht. Sie möchte auch bei der Oma schlafen. Ich kann es verstehen, sie ist immerhin zwei Jahre jünger als ich. In meinem Zimmer habe ich mir ein Buch genommen und versuche zu lesen. Es ist mir nicht möglich, ich höre im Zimmer gegenüber meine Mama weinen, sie ist mit dem Papa hinein gegangen. Ich frage mich, warum diese Hausbeerdigungen bei Kindern noch stattfinden? Bei Erwachsenen wurde sie abgeschafft. Ich bin zwar erst 10 Jahre, aber für mich steht fest, es ist das Schlimmste und Herzzerreißende, was es für die Eltern gibt.
An meiner Türe klopft es und meine Mutter kommt zu mir.
„Darf ich etwas zu dir kommen, mein Kind?"
„Aber ja, Mama."
Wir sitzen nebeneinander.
„Darf ich dir auch von der Margot erzählen?"
„Ja, Mama!"
Sie spricht von der Fahrt bis zur Klinik, dass die Margot keine Schmerzen hatte.
„Ein Arzt ist mitgefahren und hat der Kleinen starke Schmerzmittel gegeben. Sie kam sofort in den OP und wurde notoperiert. Es war ein Darmdurchbruch. Die Margot kam noch auf die Intensivstation, jedoch sie überlebte es nicht und ist um 16 Uhr 15 von ihrem Schutzengel zu unserem Herrgott gebracht worden. Und der hat sie wieder in sein Reich aufgenommen. Bis morgen habe ich mein Kind noch bei mir und dann bringen wir den Sarg mit ihrem Körper in den Park der Toten!" Die Mama weinte viel, trotz allem war sie sehr tapfer.
„Mama, darf ich am Abend mit dir zusammen zur Margot gehen? Ich möchte mich von meinem Schwesterchen verabschieden."

„Ja mein Schatz, das werden wir machen", meinte sie. „Die Gitte frage ich auch, und wenn sie es möchte, dann gehe ich alleine mit ihr zum Schwesterchen."

Der Tag geht langsam und schleppend vorbei. Vereinzelt gehen einige Verwandte ins Zimmer von der Margot. Gegen Abend kommt der Doktor, um nach der Mama zusehen. Ihr wird mehrmals schwindelig. Es ist Schwäche! Sie muss mehr trinken und für heute Abend und morgen früh hat sie Beruhigungstabletten bekommen. Der Doktor zieht noch eine Spritze auf, damit sie einen sofortigen Schutz gegen die Schwindelanfälle hat.

Wir haben alle vier zusammen zu Abend gegessen. Die Stimmung ist ganz einfach furchtbar, es wird nur das Nötigste gesprochen. Nach dem Abräumen des Tisches spüle ich das Geschirr und Gitte trocknet ab. Mama geht raus und Papa hinterher. Sie werden gewiss zur Margot gegangen sein.

„Möchtest du mit mir Mühle spielen?"

„Ja, das ist ein Wort", sage ich.

Ich nehme die schwarzen und Gitte die weißen Steine. Zwei Mühlen hat die Kleene schon, ich komme nicht richtig zum Zuge beim Setzen, so fange ich eine andere Taktik an. Gitte ist mit dem Schieben dran und ich schiebe nach. Das geht zweimal so weiter.

„Du bist dran, Gitte."

„Ja, aber wie?"

Ich hatte sie festgesetzt. Der Papa kommt rein und nimmt die Kleene mit zur Mama.

„Wir spielen heute Abend weiter", ruft sie.

„Jawohl!" Ich gehe auf den Balkon, schaue den Vögeln nach, sehe in den Himmel und schaue den weißen Wolken nach. Meine kleine Schwester steht plötzlich neben mir und weint.

Ich nehme sie in den Arm.

„Schau mit mir rauf in den Himmel, sieh dir die Wolken an, dort oben ist unser Schwesterchen jetzt auch und wohnt auf einem Stern", sage ich.

Die Gitte will am Abend früh ins Bett und ich verspreche ihr, auch bald

zu kommen. Sie bekommt eine Abenteuerkassette eingelegt, damit sie an was anderes denken kann, und ich gehe mit zur Margot.
Ich stehe vor dem Zimmer; die Mama macht die Tür auf, zwei Schritte gehe ich nach vorne und stehe vor dem weißen Kindersarg. Es ist Stille im Raum, ich kann den Blick erst nicht von meinem wunderschönen Schwesterchen wenden. Sie sieht aus, als sei sie gerade gebadet worden und schläft jetzt fest. Um sie herum liegen rote Rosen, ihre kleinen Händchen sind gefaltet, ihre süßen Fingerchen muss ich mir unentwegt anschauen. An der Kopfseite brennen weiße Kerzen und dahinter stehen grüne Pflanzen. Immer wieder sehe ich mir mein Schwesterchen an und ich habe das Gefühl, einmal muss ich sie noch streicheln, sie weiß genau, wie lieb ich sie habe.
Meine Mama legt den Arm um mich und so stehen wir beide eine ganze Weile vor der Margot.
„Mama?"
„Was hast du?"
„Ich werde die Kleine jetzt streicheln, auch wenn ich es nicht darf. Meine Hände wasch ich mir!" Ich gehe zu Margot, küsse meine Finger und legte sie auf ihren Mund und streichele über ihre Finger und sage zu ihr unter Tränen:
„Tschüss mein Schwesterchen, wir sehen uns im Himmel beim lieben Gott wieder." Einen Augenblick schaue ich noch zu ihr, denn es ist so schwer, mich zu trennen. Dann gehe ich raus und stelle mich auf den Balkon und schaue zu den Sternen. Ich will alleine sein!

Heute ist der 10. Oktober 1953. Um 10 Uhr ist die Trauerfeier von unserer Margot und im Anschluss der Weg zum Friedhof mit der Beerdigung.
Um 9 Uhr 30 kamen die Trauergäste und gingen jeweils zum offenen Sarg und verabschiedeten sich von dem Kind. Die Kleine war allen gut bekannt. Die Predigt von unserem Pastor ging den Trauergästen und der Familie sehr ans Herz. Bei Kindern ist es immer eine traurige Angelegenheit.
Die Trauergäste gingen nun nach draußen in die Nähe der Kutsche.

Der Sarg wurde heraus getragen, dahinter gingen der Pastor, Mama, Papa und wir Kinder. Im Anschluss unsere Verwandtschaft und die Trauergäste. Der Sarg mit unserem Baby wurde in eine Glaskutsche geschoben und vier schwarze Pferde zogen die Kutsche zum Friedhof. Am Friedhof nahmen vier Träger den Sarg und wir traten den Weg zum Grab an. Ein Onkel von uns kam nach vorne und stützte mit Papa die Mama, als sie den Sarg herunterließen. Der Pastor sprach noch ein paar nette Worte, es folgte das „Vaterunser" und der Pastor gab die Erde auf den Sarg.
Jeder verabschiedet sich nun am Grab von unserer Margot. Ich habe Angst um die Mama, sie ist so fertig und weint so sehr. Jetzt gehe ich mit der Gitte, wir halten uns an der Hand und werfen ein jeder Blumen in das Grab. Da steht ganz plötzlich unsere Mutter zwischen uns, nimmt uns in den Arm und wir verabschieden uns zusammen.

Ich höre unseren Hund bellen, der ist doch sonst immer so lieb. Ich dreh mich wieder auf die andere Seite und will weiter träumen. Jetzt geht es nicht mehr, ich bin wach geworden. Meine Gedanken sind bei meinem Traum und ich weiß, meine Mutter hat den Tod von ihrem Kind nie verkraftet.
Die Zeit heilt nicht alle Wunden, sie lehrt uns nur, mit dem Unbegreifliche zu leben.
Was man tief in seinem Herzen besitzt, kann man nicht durch den Tod verlieren.
Zwei Jahre später wurde ein Stammhalter geboren und zwei Jahre später kam noch ein Junge zur Welt. Wir erlebten zusammen noch eine schöne Kindheit.
Im Jahre 2000 verstarb mein Vater an Darmkrebs. Die letzten Wochen vor seinem Tod war ich jeden Tag bei ihm und in seiner Todesstunde habe ich ihm zur Seite gestanden.
Das Jahr darauf tat es meine Mutter ihm nach. Nach einem Schlaganfall wurde sie zum Pflegefall und ich pflegte sie bei uns im Hause. Wie ein Kind ist sie in meinem Arm zufrieden eingeschlafen und ich spürte, wie die Seele den Körper verließ. Wenn die Eltern uns für immer

verlassen, ist es für die Hinterbliebenen ein schwerer Schicksalsschlag. Wenn ein Kind stirbt, egal in welchem Alter, stirbt man als Mutter immer zu einem großen Teil mit. Eltern kann man nicht trösten, es ist das Schlimmste, was uns Müttern und Vätern passieren kann auf dieser Erde. Nur unser Herr kann uns die Kraft geben und dafür brauchen wir Glaube – Hoffnung und Liebe!


**Die Sehnsucht**

Oh Herr, gib mir die Kraft es zu verstehen, dass ich mein Kind kann nicht mehr sehen.
Es ist vorbei die schöne Zeit, zum Weinen bin ich schnell bereit.
Ich danke dir für schöne Stunden, die ich mit Jessie war verbunden.

Die täglichen Friedhofsbesuche im Wechsel sind für meinen Mann und für mich ein freudiger Besuch. Ein Gespräch mit unserem Kind gibt uns beiden einen inneren Frieden. Darum ist es auch angebracht, dass jeder ganz alleine unseren Schatz besucht. Zum Geburtstag hatte ich das Grab sehr schön geschmückt, das mache ich mit sehr viel Liebe. Jessie hatte sich immer gerne beschenken lassen und so war es jetzt auch an ihrem Grab. Ich würde mir am liebsten einen kleinen Stuhl ans Grab stellen, so gerne bin ich an diesem Ort. Eine Bank wäre angebracht! Ich werde doch mal einen Vorschlag machen.
In der Nähe unserer Grabstätte treffe ich Eltern, die auch ihre Kinder dort beerdigt haben. Vertrauensvoll werden untereinander Gespräche geführt, man versteht sich und keiner verletzt den anderen mit unüberlegten Worten.
Heute stehe ich mal wieder so richtig in meinen Gedanken vertieft am Grab und überlege, was ich wohl in den jetzigen Herbsttagen bis zum Winter hin noch Blühendes einpflanzen könnte. Aus meinen Gedanken herausgerissen werde ich von der Frage:
„War das Ihre Tochter?"
„Ja, das ist meine Tochter."

„Na ja, dann hatten Sie ja noch viele schöne Jahre mit ihrem Kind und Sie können einigermaßen zufrieden sein."
Es schmerzt so sehr, was diese Frau da sagt! Ich kann nur noch antworten:
„Gehen sie bitte weiter!" Dann werde ich vom Weinen geschüttelt. Eine mir fremde Person legt den Arm um mich und sagt ganz ruhig:
„Es wird gleich wieder besser."
Ich bedanke mich und sie geht weiter. Es gibt gefühlsvolle Menschen, die ein Herz für ihre Mitmenschen haben.

Für eine kleine Auswahl von Pflanzen konnte ich mich doch entscheiden und ich wollte noch in die Gärtnerei. Die Chefin, mit Leib und Seele Floristin, stellte mir einige Pflanzen zusammen und ich marschierte zurück zum Friedhof. Pflanzen, die nicht mehr ansehnlich waren, kamen raus und die neuen setzte ich ein. Den Grabstein wischte ich wieder blitzblank und ich war mit meinem Werk zufrieden. So mein Schatz, morgen wird der Papa sein Urteil abgeben. Ich muss nach Hause, denn der Pepper will mit mir auf die Hundewiese.

Zu Hause angekommen, steht der Pepper schon an der Haustür und wartet auf mich. Die Uhr sagt erst 17 Uhr, aber in einer halben Stunde geht's los. Ich ziehe mich schnell um und vor allem schön warm an, denn im Oktober wird es gegen Abend schon empfindlich kalt. Horst fragt mich natürlich, wie es auf dem Friedhof war, und ich erzähle die Geschichte.
„Wir unterhalten uns später, bis nachher! Der Hund will raus!"
Der Weg bis zur Wupper ist ein Klacks. Ein Stück wandern wir am Wupperdamm entlang, damit unser Schlawiner zuerst sein Geschäft machen kann. Erst dann gehen wir zur Wupperwiese. Dort warten schon einige Hunde. Alle kennen sich, ob groß, ob ganz klein. Sie begrüßen sich erst und dann wird mit dem Ball geworfen. Jeder läuft auch seinem Ball hinterher, fängt ihn und bringt das Spielzeug wieder zurück. Sollte ein Hund im Wirrwarr den verkehrten Ball genommen haben, dann sucht er seinen solange, bis er in hat. Diese Horde ist

untereinander sehr friedlich. Kommt ein neuer Hund dazu, wird er von jedem beschnuppert und gehört dazu. Es macht einen riesigen Spaß mit dieser Meute zu spielen und zu arbeiten.
Nach getaner Arbeit ist noch ein Spaziergang fällig und wer von den Hunden will, der geht noch in die Wupper etwas trinken oder sich abkühlen. Dieses Programm findet auch bei schlechtem Wetter statt. Bei Sonnenschein und trockenen Bodenverhältnissen wird der Spürsinn der Tiere etwas gefördert. Ich lege für meinen Hund einige Leckereien aus und wer von den anderen Hunden will, darf teilnehmen. Und auf das Kommando „Such!" beginnt die Spurensuche. Das ist ein Gaudi! Die Spürnasen suchen auch noch, wenn nichts mehr da ist. Diese Beschäftigung ist gut für den Pepper und für mich eine Ablenkung, die mir obendrein auch noch viel Freude bereitet und Elan gibt. Auf dem Weg nach Hause trottet mein Kamerad hinter mir her und damit gibt er mir zu verstehen: Kannst du nicht etwas langsamer gehen.
Horst hat zu Hause den Eimer mit Wasser parat gestellt und das Fell wird gereinigt. Danach schmeißt er sich fix und fertig auf seine Decke und kommt nur zum Essen hoch. Er brummt in sich rein und denkt zufrieden: Das war mal wieder ein schöner Tag.

Ein schöner Tag ist heute, es ist Sonntag, die Sonne scheint, ich stehe vor deinem Bild, Jessie, und du sollst wissen, was ich tue! Ich gehe zum Gottesdienst, mein Schatz, und im Anschluss an dein Grab. Wir werden uns dann wieder unterhalten. Der Papa hat das Glück, in der Zwischenzeit das Essen zu kochen.
Ich bin gerade an der Kirche angekommen, da läuten die Glocken. Das ist für mich immer ein glückliches Gefühl, dieser Glockenklang, schon als Kind war es mir, als riefen die Glocken, ich solle kommen, und das mache ich ja nun auch.
In der Kirche bringe ich eine Kerze für unsere Jessie zum Brennen, dabei spreche ich ganz leise mit ihr, denn ich habe das Gefühl, was ich öfters habe, dass sie bei mir ist.
Während des Orgelvorspiels bete ich:
Herr, ich bitte dich, gib mir die Kraft, wieder mehr Ruhe zu finden.

Die Sehnsucht zur Tochter wird immer stärker und tut weh.
Ich möchte ihr Bild, so wie sie lebte, in meinen Gedanken und Träumen sehen!
Herr, dann kann auch ich mit dem Tod besser umgehen.
Ich danke dir!

Die Kirche ist ein Ort der Hoffnung, der mich stärkt und mir noch mehr Kraft zu meinem Glauben gibt. Der Ort, der mich glücklich macht, der mir Vertrauen gibt und der mich verstehen lässt, wie Gott es mit mir meint. Ich spüre diese Kraft, die ich lange nicht mehr hatte.
Jeder Gottesdienst lässt in mir immer mehr ein Gefühl der Liebe wachsen.
So fühlte ich auch heute! Nach dem Gottesdienst trank ich im Turm der Kirche noch eine Tasse Kaffee, unterhielt mich mit einigen Gemeindemitgliedern und man legte mir doch nahe, ein Ehrenamt anzunehmen. Das wollte ich mir aber reiflich überlegen, denn wenn ich ein Amt annehme, dann wird es auch richtig ausgeführt. Ich sollte in einem Bezirk alle Senioren ab 75 Jahren zum Geburtstag gratulieren.

Mit diesen Gedanken schlendere ich ganz langsam über den Friedhof, schau nach oben und sehe an dem blauen Himmel nur eine einzige weiße Wolke. Plötzlich kommt ganz langsam eine kleine Feder, mehr ein weißer Flaum von einem Jungvogel, vom Himmel geflogen. Aber Ende Oktober ein Jungvogel, das gibt es wohl nicht! Ich fange sie auf und wundere mich gewaltig. Kein Baum ist in der Nähe. Es ist nicht ein bisschen windig. Ich glaube fest daran, dass es ein Zeichen eines Engels ist. Die Feder packe ich vorsichtig ein und nehme mir vor, sie zu Hause in Jessies Bild zu legen.
Am Grab angekommen, bedanke ich mich für die flauschige Feder, bei wem auch immer. Es ist eine unbeschreibliche Liebe in mir, die ich nicht erklären kann und nie mehr missen möchte. Dieses Glücksgefühl möge mich immer begleiten. Langsam verlasse ich den Friedhof und fahre nach Hause.

Mit einem Lächeln betrete ich die Wohnung und gehe sofort auf eines der Bilder von Jessica zu und bitte Horst, es mir zu öffnen!
„Was ist denn mit dir?", fragt Horst. „Du machst einen so zufriedenen Eindruck."
Ich erzähle ihm die Geschichte mit der schönen Feder, die ich jetzt gerne in Jessies Bild legen möchte. An ihr Dekolletee lege ich die Feder und Horst schließt mir den Bilderrahmen. Das sieht gut aus! Während des Mittagessens sehe ich immer wieder zu dem Bild hinüber. Horst meint, so glücklich habe ich schon lange nicht mehr ausgesehen.
Ich bin auch glücklich!

Nach dem Essen lege ich mich zur Mittagsruhe ein wenig auf mein Bett und denke an die Mütter, die nur alleine in Jessies Nähe ihr Kind im Grabe liegen haben. Zwei Gräber neben uns liegt die Tochter meiner Kegelschwester. Hinter uns der Sohn, mit 14 Jahren tödlich verunglückt. Eine Reihe weiter liegt der Ehemann. Ein Stück zurück wurde erst vor nicht langer Zeit ein 10-jähriger Junge und etwas weiter ein 18-jähriges Mädchen beerdigt. Bewusst erwähne ich erst zum Schluss ein Mädchen, das vor 20 Jahren beerdigt wurde. Diese Mutter treffe ich bestimmt einmal in der Woche auf dem Friedhof und ich unterhalte mich sehr gerne mit ihr. Sie spricht von ihrer Tochter, als wäre es gestern gewesen, und ich habe das Gefühl, sie lebt mit in der Familie. Es gibt doch tatsächlich Menschen, die fragen diese Frau, warum sie noch so oft zum Friedhof geht? Dass diese Menschen sich nicht schämen! Dieses Kind lebt in dieser Familie weiter. Die Liebe wird bei mir stärker und bindet. Ich fühle es intensiv!


**Nur die Liebe zählt**

Ich laufe auf zwei Spuren, das merke ich. Die eine ist die geistige Welt, von der wir alle kommen, die unsere eigentliche Heimat ist und zu der nach dem Tode Geist und Seele zurückkehren in das Reich Gottes. Daran glaube ich. Die andere Spur ist mein Kind, das bei mir ist als geistiger Helfer. Es ist so schwer zu begreifen! Verbinde ich beide Spuren, dann ginge es nur mit Glauben, der mit unendlicher Liebe verbunden ist! Ich lebe in der Hoffnung, hierauf noch eine Antwort zu finde, die für einen Irdischen verständlich ist.

Ein Spaziergang bringt etwas Abwechslung. Unser Pepper darf mich begleiten. Der Weg an der Wupper vorbei führt uns zum Weiher. Es ist herrlich, den Enten und Gänsen zuzuschauen. Den Hund habe ich an der Leine, aber das Gegacker der Enten stört ihn nicht. Hinter der Parkanlage darf er frei laufen und mit entgegenkommenden Hunden spielen. Nun will er auch noch mit zwei Hunden in die Wupper in das kalte Wasser. Wir können es natürlich nicht ändern. Jegliches Rufen ist sinnlos, denn die Hunde haben das Sagen.

Das Ufer ist ein bisschen schlammig und ich will hoffen, dass sie gleich an der Stelle rauskommen, wo das Wasser etwas höher ist. Also gehe ich schon Mal an diese Stelle runter und rufe den Pepper. Ja klasse, er geht mit den anderen zurück und kommt durch den Schlamm aus dem Wasser. Das ist ein super Spiel, das gleiche also noch einmal, ins saubere Wasser rein und durch den Schlamm wieder raus. Jetzt bin ich es leid, ich stelle mich an die Stelle, wo das Wasser sauber ist, und halte seinen Ball in der Hand. Da kommt er angefetzt, er nimmt seinen Ball und ich nehme in schnell an die Leine. Abwechslung hatte ich genug!

Die Sonne ist schon lange untergegangen und auf dem Rückweg legen wir einen Schritt zu, denn der Pepper muss abgetrocknet werden.

In der Diele wird er herrlich trocken gerubbelt, damit er sich bloß nicht erkältet. Ich ziehe mich auch um, denn meine Sachen sind natürlich nicht mehr sauber. Horst braut mir einen heißen Tee. Ich setze mich auf das Sofa, die Beine hoch, bekomme meinen Tee und wer liegt auf meinen Beinen? Bestimmt nicht mein Mann! Das sind die Freuden, wenn man einen Vierbeiner sein Eigen nennt.

Der ungemütliche November hat begonnen mit seinen Feiertagen wie Allerheiligen, Buß- und Bettag und Totensonntag. Horst und ich sind auf den Weg ins Sauerland, dort gibt es eine exzellente Weihnachtsscheune mit wunderschönen, ausgefallenen Grabgestecken, Gestecken und Kränzen für die Adventzeit und mit Weihnachtsartikeln. Für unser

Kind soll es etwas außergewöhnlich Schönes sein. Ein Gesteck, das auch schon einen weihnachtlichen Charakter aufweist. Die Auswahl ist sehr groß und ideenreich.
Wir stehen vor einem phantastischen Gesteck, es gefällt uns beiden auf Anhieb. Der Kauf ist perfekt! Ich freue mich wahnsinnig, möchte sofort zurückfahren und es zum Friedhof bringen. So soll es geschehen, denn ich kann es nicht alleine tragen. Horst hat es bis zum Grab getragen und ich mache eine Seite frei, damit wir es zusammen dort hinstellen können. Jessie findet es bestimmt „geil". Mit Sicherheit.
Dieses Gesteck strahlt einfach alles aus, die Advents-, Nikolaus- und Weihnachtszeit! Ich kann mich heute von diesem Ort ganz schlecht trennen. Jessie, mein Kind, ich komme morgen wieder. Tschüss! Ich lasse den Papa auch noch mit seinem Kind alleine.
Ich gehe schon vor, mit meiner Beherrschung ist es vorbei. Es ist so grausam, dass wir unser Kind zurücklassen müssen und alleine unserer Wege gehen.
Ich gehe einen Schritt schneller, damit Horst nicht sieht, dass ich weine. Ich merke jedoch, dass auch er sehr traurig ist. Wir gehen Arm in Arm bis zum Auto und sprechen kein Wort. Ich denke nur, wie sehr haben wir uns gefreut und wie schnell sind wir am Boden zerstört.

Zu Hause ist mein erster Weg an das Bild meines Kindes, ich zünde eine Kerze an. Ich bin traurig und Jessie lacht mich an. Mein ernster Blick ist weiterhin auf Jessie gerichtet. Nun muss auch ich lächeln; sie hat es mal wieder geschafft, meine kleine Maus. Die Liebe zu ihr wird immer stärker, aber auch der Schmerz wird immer größer. Ich habe einen furchtbaren Verdacht, der mich auch vermuten lässt, weshalb ich immer wieder das Gesicht vor ihrem Tode sehe und kein Bild von ihr, als sie so lebenslustig war und lachte.
Jessie lag im Koma und der Tod war eingetreten. Mein Mann und ich hatten uns von unserem Allerliebsten verabschiedet. Einige Apparate wurden schon ausgestellt, was auch alles seine Richtigkeit hatte. Ich

kann mich nicht freimachen von dem Vorwurf, nicht bis zum bitteren Ende geblieben zu sein, bis die Seele ihren Körper verlassen hatte.
„Mein Kind, verzeih mir."

Der Winter hat uns Menschen schon jetzt, im Dezember, im Griff. Wir haben Minus-Temperaturen. Und der erste Schnee ist gefallen. Jessies Grabstein habe ich vom Schnee befreit und der Anblick versetzt mich in die Adventzeit. Ich denke an die Weihnachtsbäckerei; dabei hatte mir Jessie immer geholfen, danach habe ich nie mehr Plätzchen gebacken. Jetzt wird es aber höchste Zeit, das zu wiederholen. Mein Schatz wird bestimmt dabei sein, ich werde es merken. Auf dem Weg nach Hause gehe ich noch ins Geschäft, um einige Zutaten besorgen. Gut gelaunt betrete ich die Wohnung, lege die fehlenden Backwaren in die Küche, wasche mir die Hände und sage:
„So Jessie, es kann losgehen."
„Was ist denn jetzt?"
„Das siehst du doch, wir backen."
Mein Mann lächelt und sagt:
„Dann mal los!"
Die Bleche werden gefettet, der Fleischwolf für das Spritzgebäck am Tisch angeschraubt, der Teig vorbereitet und nun anständig durchkneten. Ich wasche mir die Hände, stelle den Backofen auf „vorheizen" ein, der Teig kommt in den Wolf, die Mustereinstellung sitzt vorne drauf und es kann losgehen. Den Teig drehe ich durch den Wolf und das Spritzgebäck kommt auf die vier Bleche. Ein jedes braucht mindestens 15 bis 20 Minuten Backzeit. Überall riecht es herrlich nach Backstube. Horst holt mir die Weihnachtsgebäckdosen mit den weihnachtlichen Motiven drauf. Nach dem Abkühlen werden die Plätzchen darin gelagert und gut versteckt.
Meine Erinnerungen gehen jetzt weit zurück in die Jahre, als Jessica erst 2 Jahre alt ist und sie darf jetzt die Plätzchen probieren. In der Vorweihnachtszeit wird gebastelt, am Adventkranz gesungen und die Vorbereitungen für die Krippe werden getroffen. Maria und Josef mit ihrem Esel haben noch einen weiten Weg bis zum Stall. Das alles war

eine schöne Zeit, eine schöne Zeit mit dir, liebe Jessica. Auf dieser Erde solltest du viel erleben, lernen, glücklich sein, lieben, glauben und unterscheiden lernen zwischen Gut und Böse!
Vom ersten Tag der Geburt an haben wir alle einen Schutzengel, der uns zur Seite steht bei Unfall und Krankheit. Nicht immer kann ein Schutzengel alles abwehren oder bei Krankheiten, wo die ärztliche Kunst versagt, helfen. Dann begleitet er die Seele zurück zu unserem Herrgott in unsere wirkliche Heimat. Du, meine Jessie, hast es begriffen, für uns ist es nicht leicht, zu verstehen.

Jeder Tag ist ein neuer Tag in meiner Trauer! Der erste Weg ist am Morgen zu deinem Bild. Dein Papa hat schon deine Kerze angezündet und ich wünsche dir einen schönen Tag und mache ein Kreuzzeichen mit den Worten „Im Namen des Vaters und des Sohnes und des Heiligen Geistes" auf deine Stirne. Ich lächle dich an und im Laufe des Tages bist du öfters meine Gesprächspartnerin, ohne dass ich weinen muss. In jedem Zimmer stehen Bilder von dir, sehr unterschiedliche Bilder, und das ist auch gut so, damit ich mehrmals mit dir lachen kann. Diese Methode macht mich freier und dem Papa geht es genau so, denn wir sprechen über alles. Über dich sprechen, das haben wir auch zu Lebzeiten gerne getan, es wurde uns nie langweilig.

Das Fest der Liebe, Christi Geburt, heute ist Heiligabend!
Am Vormittag gehe ich alleine zum Grab, mache den Stein sauber, stelle noch zwei Kerzen zusätzlich auf und die Maria mit dem Jesuskind kommt auf ihren Platz. Ich bete das „Vaterunser".
Am Nachmittag gehen wir mit Martina und ihren Kindern zusammen in die Kirche und dann auf den Friedhof. Es ist ein sehr trauriger Anlass! Im Anschluss fahren wir nach Opladen zum Weihnachtsessen und die Kinder bekommen von uns ein Geschenk. Für uns alle ist es kein Weihnachten, denn es fehlt unsere Jessica. Martina fährt mit den Kindern nach dem Essen wieder nach Hause, denn jeder will für sich sein. Einfach verständlich!

Es ist der erste Weihnachtstag, nach dem Frühstück frage ich meinen Mann:
„Bist du mir böse, wenn ich in die Kirche gehe und anschließend zu unserem Kind?"
„Nein, gehe ruhig. Ich möchte am Nachmittag gehen und grüße die Kleine von mir."
„Das mache ich."
In der Kirche zünde ich für Jessie eine Kerze an und finde auch noch einen Platz. Mein Schatz wird bestimmt bei mir sein! Alles ist hier so festlich, das habe ich gestern gar nicht so empfunden. Das brauche ich heute, meine absolute Ruhe. Die Predigt geht mir sehr nahe, aber ich muss sie verkraften. Die Weihnachtslieder erweckten doch etwas mehr Traurigkeit in mir, aber es hilft nichts.
Zum Abschluss des Gottesdienstes läuten die Glocken, das tun sie sonst auch, aber heute ist Weihnachten und ich bin schon auf dem Weg zum Friedhof. Das ist ein weihnachtliches Gefühl! Jetzt ist es ein Fest der Liebe! Christi Geburt und ein frohes Fest allen dort oben im Himmel. Ein sehr schönes Fest wünsche ich dir, mein Kind der Liebe! Gelobt sei Jesus Christus.

Es schneit, es schneit, es schneit seit Weihnachten. Die Hauptstraßen werden geräumt und die Nebenstraßen nur platt gefahren. Die Stadt weiß ja auch nicht wohin mit dem ganzen Schnee. Zum Friedhof komme ich nur alle 2 bis 3 Tage. Aber dann räume ich das Grab vom Schnee. Mir macht das Spaß und die Jessie schaut mir bestimmt zu und denkt gewiss, die Mama so Jeck, wie sie leibt und lebt. Mein Kind darf so über mich denken! Um das Grab trete ich den Schnee noch etwas platt und es sieht wieder prima aus. Ich drehe mich mal um und begutachte die anderen Gräber, davon ist keines vom Schnee befreit. Also hat die Jessie recht, das ich Jeck bin! Sie hat es gut, von dort oben schaut sie herunter, sieht den Schnee und bleibt hinter der Himmelstür. Eine Kerze zünde ich noch an, sage ein paar liebe Worte zu unserem Herrn und zu Jessie! Zurück stampfe ich langsam durch den Schnee. Niemand ist mir begegnet!

Vorsichtig fahre ich zurück nach Hause. Das Auto kommt in die Garage und meine nächste Beschäftigung habe ich in einer Stunde mit unserem Pepper im Schnee!

Es ist so weit, es geht mit Pepper in die weiße Pracht. Jessie wird sich diesen Trubel mit den anderen Hunden ganz bestimmt ansehen. Dem Pepper muss ich unentwegt den Ball zuwerfen, damit er ihn zurückbringt, sonst frisst er mir zu viel Schnee und das ist nicht gesund. Unsere Hunde heben im Wechsel des Öfteren die Pfoten hoch, das ist für uns ein Zeichen, dass Eisklumpen in den Ballen der Pfoten hängen und das schmerzt beim Laufen. Nach dem Ballspiel gehe ich mit dem Pepper noch ein Stück an der Wupper entlang, denn allzu lange verbleiben wir nicht mehr draußen, weil unser Hund an seinem Winterfell dicke Eisklumpen hängen hat und die stören ihn gewaltig. Also ab nach Hause. Mit Wasser sind die Klumpen schnell aufgetaut und mit dem Handtuch das Fell getrocknet. Er liegt abgekämpft auf seiner Decke, denn das war für ihn genug!
Auch ich bin für heute geschafft. Die Schneeluft hat mich so richtig müde gemacht. Mein Wunsch ist, noch zu duschen, mit Horst zu Abend zu essen und dann möchte ich ins Bett. Wir sprechen zusammen noch über unser Kind und dass es für uns alle ein zufriedener Tag war. Kaum liege ich im Bett, da spüre ich immer mehr die Müdigkeit.
Gute Nacht, mein Kind!

Mitten in der Nacht werde ich wach! Im Traum bekam ich eine Einstimmung auf dass, was für mich so schwer zu begreifen ist. Der Glaube, unsere Heimat ist die geistige Welt, in der wir nach dem Tod zurückgehen zu unserem Herrgott … Ich verbinde Glauben mit unendlicher Liebe! Das bedeutet, ich glaube, dass mein Kind als geistiger Helfer in meiner Nähe ist und in uns weiter lebt. Das ist auch die Lösung für meine Empfindung, meine Tochter ist bei mir!
Der Herr ist gütig und verlässlich, darum zeigt er mir den Weg.
An Einschlafen ist lange nicht zu denken. Bildlich versuche ich mir vorzustellen, dass du, Jessica, wieder in deiner Heimat lebst, die auch

nach unserem Tod wieder die Unsere ist. Dein Geist erscheint hier auf der irdischen Welt, in der du meine Liebe empfängst und ich deine Liebe spüre, so wie ich die Nähe Gottes empfinde!
Damit ist noch lange nichts erreicht! Doch, etwas ist erreicht. Ich denke wieder:

**Jeder Tag ist ein Tag mit dir, mein Kind.**

Für mich ist dieser Gedankengang ein Erfolg! Das bedeutet, Mitarbeit ist angesagt, damit ich nicht ins nächste Loch falle. Das waren die Worte der Ärzte in der Medizinischen Hochschule in Hannover.
„Sie werden noch öfters in ein tiefes Loch fallen und da muss man wieder raus."
In so einem Loch habe ich schon darin gestanden. Das Leben war da nichts mehr wert. Mein Mann auch. Die Trauer hatte uns ganz einfach eingefangen. Es durfte mich niemand ansprechen und nach meinem Befinden fragen, schon war ich fürchterlich am Weinen.
Diese Situation nahmen Horst und ich sehr ernst. Wir führten Gespräche, in der auch Jessica die Hauptperson war. Alte Erinnerungen brachten uns sogar zum Lachen. Es stand für uns beide fest, dass dieses wohl der richtige Weg ist und das Leben mit Jessicas Liebe, die wir empfinden, noch einen Wert hat!
Ein Leben, das Gott geschaffen hat, soll der Mensch nicht beenden. Und ein Kind wäre untröstlich!

Es ist Februar 2010. Der ganze Januar hat uns noch reichlich Schnee beschert. Ich habe weiterhin das Grab so einigermaßen von Schnee befreit. Silbersterne aus Holz wurden angefertigt. Die habe ich dann mit lieben Sprüchen beschriftet und an dem kleinen Weidenbaum der Klassenkameraden, der auf dem Grab steht, gehängt. Das sieht aus wie ein kleiner Sternenhimmel. Einen Stern und ein kleines Kreuz habe ich aus weißen Rosen anfertigen lassen. Einen schönen weißen Rosenstrauß stelle ich in die große Vase. Dieses Werk schaue ich mir s Kreuz mal nach da, dann wieder zur anderen Seite und bin ich zufrieden. Jessies Papa schaut sich das Rosenbild Er lässt sich lieber überraschen. Die Rosen werden bei den Minusgraden schnell einfrieren und so sind sie auch lange haltbar. Mein Schatz, ich bin mit deinem Grab zufrieden; ich weiß, du auch! Ich liebe dich.

Heute ist der 3. Februar 2010. Jessica, dein 1. Todestag.
Es leuchten an allen deinen Bildern Kerzen zum Todestag. Hier auf der Erde fließen die Tränen aus Kummer, in deiner Heimat wurdest du an deinem Todestag mit Liebe aufgenommen. Wenn du glücklich bist, dann sind wir es gewiss auch! Immer wieder stelle ich mich vor dein Bild, auf dem du so herrlich lachst, dann kann ich mir die Tränen abwischen und dich genauso anlächeln. Am Nachmittag haben Papa und ich uns mit deiner Schwester und deinen beiden Nichten am Grab verabredet. Die Zeit bis dahin wird mir lang.

Endlich, wir sind am Friedhof. Tina und die Kinder sind auch schon da. Die drei Mädels legen ihre Blumen ab. Zu den weißen Rosen sind jetzt rote Rosen dazu gekommen. Jessie hat immer alles geliebt, was schön ist, und das gefällt ihr jetzt sicher auch! Wir alle schließen uns dem an, dass das Grab sehr schön geschmückt ist. Die Kälte lässt uns den Heimweg antreten. Ich komme morgen wieder her, mein Kind, und nun sehe ich mir eins von deinen Gästebüchern an. Die willst du gewiss auch sehr gerne sehen!
Zu Hause mache ich den Laptop an und Papa setzt den Kaffee auf. Dazu gibt es Jessies Lieblingstorte (Marzipan-Sahnetorte).
Ein Gästebuch habe ich geöffnet und bin überrascht über so viele Eintragungen. Einige lesen wir!

Liebe Jessie,
Meine Gedanken sind heute immer wieder zu Dir und Deiner Familie geschweift - Irgendwie verrückt, dass Du schon 1 Jahr nicht mehr hier bist ... Ich weiß, dass Du vielen fehlst!

Man muss mit dem Schmerz des Verlustes leben lernen, ob man d...
will oder nicht ... Lass Dir auch hier im Gästebuch das Gedicht da, was
ich in Muko auf Deine Pinie geschrieben hab. Gedichte und Sprüche
mochtest Du immer sehr gerne.

Man stelle sich ein Lied vor, das viele Töne hat.
Das Lied ist wunderschön, weil jeder dieser Töne da ist und seinen
Beitrag zur Melodie leistet.
Manche Töne sind nur kurz, andere dagegen ganz laaaaaaaaaaaang.
Und dann gibt es noch welche, die sind dazwischen - mittellang.
Aber zurück zu unserem Lied. Plötzlich passiert etwas Unerwartetes
mit dem Lied:
Jemand lässt einen einzigen Ton herausfallen.
Plötzlich klingt die komplette Melodie anders.
Es fehlt ein Ton und die anderen Töne, die auf ein Zusammenspiel mit
ihm abgestimmt sind,
müssen sich an eine leere Stelle in der Notenzeile gewöhnen.
Immer wieder, lange Zeit, wird das Lied dann ohne diesen bestimmten
Ton gespielt.
Es gibt auch keinen Ersatz für diesen Ton, denn man kann einen Ton
nicht so einfach ersetzen.
An seiner Stelle steht einfach nichts.
Die anderen Töne finden das komisch, dass dieser Platz von nun an
ganz leer sein soll.
Sie entscheiden sich dazu, dem verlorenen Ton ein Denkmal zu setzen.
Sie setzen ein Pausenzeichen, um zu erinnern, dass an diesem Platz
einmal ein besonderer Ton saß.
Nach einer langen Zeit wird dieses Lied auch zu einem gern gehörten
Lied.
Es ist zwar anders als das Lied vorher, aber auch die Melodie dieses
Liedes klang nach einiger Zeit, als man sich mit der ungewohnten
Pause ein wenig vertraut gemacht hatte, wunderschön – aber eben
ganz anders!

Hallo, liebes Kleines …
… mir fehlen grad die Worte …
Ich weiß gar nicht, wie man immer darein gerät …
in den Strudel des Traurigseins …
Lass dir sagen, dass auch ich oft an dich denke.
Es hat sich einiges verändert, Uli hat es so schön mit der Note beschrieben.
Und das ist so passend … Das Lied musste überarbeitet werden.
Es wurde nie wieder das Gleiche und mit ihm veränderte sich alles …
Die Angst vor dem Verlust … Die Angst vor dem Schmerz …
Ich weiß, du weißt, was ich weiß …
Es schneit seit Wochen, Schnee, soweit das Auge reicht. Die Sonne kommt heute recht häufig raus. So sieht es recht schön aus. Liebe Jessie! Gedeckte weiße Felder;
Sonnenschein; eine frische leichte Brise …
Du fehlst uns

Liebe Jessie,
Nicht nur das Jahr ist so schnell vergangen, auch die Zeit mit Dir war viel zu kurz.
Oft schaue ich auf Deine Homepage und möchte einen Eintrag hinterlassen.
Bisher habe ich es nicht geschafft, zu sehr überwog noch die Trauer.
Deine Seiten sind immer noch wunderschön und haben nichts an Glanz verloren. Es ist wunderbar, dass Du Dir damit so viel Mühe gegeben hast.
Es hält Dich und die Erinnerung an Dich lebendig.
Gestern habe ich Dich besucht, es war schon dunkel.
Und ich habe den Grabstein fast nicht gefunden, da Dein Name nicht zu erkennen war.
Durch all die Gegenstände und Blumen, die darauf lagen.
Aber ich war ganz alleine auf dem Friedhof, nur in Gedanken an gemeinsame Zeiten, das war schön.
Natürlich war es auch traurig, aber bis auf die Tatsache Deines zu

frühen Todes gibt es nur positive Erinnerungen mit Dir, und das ist etwas ganz Besonderes.
Dass es nun schon ein Jahr her ist, kann ich gar nicht fassen, Du lebst immer noch in so vielen Menschen weiter.
Denn immer, wenn`s mal schlecht läuft, wenn etwas Negatives passiert, denke ich, wie wäre Jessie damit umgegangen?
Du hättest wohl gelächelt und gesagt: Es gibt Schlimmeres.
Und so hilfst Du mir noch heute, durch jede Situation durchzukommen.
Leider werden wir uns nie wieder austauschen können, so wie wir es häufig getan haben. Das fehlt natürlich an allen Ecken und Enden.
Aber Dich kennen gelernt zu haben, das hat mein Leben bereichert.
Dafür möchte ich Dir danken!

Hey mein Blümchen …
Es ist immer noch nicht leicht … und immer noch schwer zu verstehen, dass du nicht mehr da bist.
Und ich bin auch heute noch unendlich traurig. Ich wollte dich wissen lassen … dass ich dich „nie" vergesse und jeden Tag an dich denke … An die schöne und lustige Zeit, die wir hatten … Drück dich in Gedanken ganz doll!
Dein Schnucki!


Auch Mama und Papa haben dir vor deinem 1. Todestag in dein Gästebuch geschrieben!

Eingetragen am Sonntag, 17.01.2010 um 16:35 Uhr

Unser Sonnenschein.
Die Tränen fließen vom Himmel. Heute vor einem Jahr wurdest du mit dem Hubschrauber zur MHH Hannover geflogen und kamst sofort auf die Intensivstation. Wir fuhren auch sofort nach Hannover und begleiteten dich 14 Tage in deinem großen Kampf. Heute versuchen wir zu verstehen, dass der Herrgott dich nicht mehr leiden lassen

wollte. Eingriffe wie eine neue Lunge ist eine Lebensverlängerung und nur Gott kann über das Leben entscheiden, welches er geschaffen hat. Du wolltest leben und wir hofften mit dir bis zur letzten Minute. Das Ganze läuft jetzt wie ein Film an uns vorbei und die Sehnsucht nach dir wird immer größer.
Du lebst jeden Tag mit uns.
Whdgdl. Deine Mum und dein Dad!

Das alles ist unbegreiflich! Nach einem Jahr machen junge erwachsene Frauen und Männer zum 1. Todestag von Jessica herzergreifende Eintragungen in vier verschiedene Gästebücher. Freunde besuchen ihre Freundin auf dem Friedhof und sind glücklich, mit Jessie in Ruhe zu plaudern und ihr ihre Liebe zu beweisen! Diese Zuneigung zu unserem Kind hilft uns, vieles zu verarbeiten und gibt Kraft, die schwersten Zeiten zu überstehen. Mein Mann und ich rücken immer mehr zusammen. Ist da eine Uneinigkeit zwischen uns beiden, die nicht so schnell wieder geschlichtet werden kann, hilft eine innere Stimme, den Streit zu bereinigen. Bisher hat es funktioniert!
Sehr oft gehen Ehen nach einem Verlust eines Kindes in die Brüche, weil beide nicht bereit sind, sich gegenseitig zu unterstützen. Da ist einmal der Verlust des Kindes, dann folgt auch noch die Trennung vom Partner, das überlebt meistens einer nicht, und das ist oft die Mutter des Kindes. Von diesem Gefühl kann ich auch sprechen. Das verfolgt eine Mutter in der schlimmsten Zeit der Trauer. Die Vernunft, der Glaube, die Hoffnung und die Liebe zum Kind, zur Familie und dem Partner hält sie von diesem Schritt zurück, aus dem Leben zu treten. Ich werde weiter darum kämpfen, einen Weg zu finden, die Abwesenheit meiner Tochter mit Liebe und Dasein zu verbinden. In mir würde eine Erleichterung aufkommen, wenn ich meine Jessie bildlich vor mir sehen könnte. Für mich wäre das ein Glückstag.
Sollte ich vielleicht einmal an den Rhein fahren? Nach Hitdorf, am Jachthafen, wo sie wohnte? Bisher habe ich diesen Weg gemieden. Mein Herz hab ich bisher verschlossen! Das will ich ändern, ich

nehme jetzt unseren Pepper und fahre mit dem Auto nach Hitdorf. Jessie wartet dort bestimmt auf mich!

Am Leverkusener Jachthafen finde ich einen Parkplatz, von dem der Spazierweg zum Rhein führt. Der Pepper kann hier sehr weit auf der Insel laufen, die zwischen dem Rhein und dem kompletten Jachthafen liegt. Bei Hochwasser ist diese Insel überspült und der Hafen mit den Booten liegt dann in der Strömung. In einem von acht Jachtclubs lag viele Jahre unser Schiff. Wir verlebten dort mit Jessica sehr schöne Stunden und manche Urlaubsreise startete aus diesem Hafen. Ich brauche jetzt nur hinüber zur anderen Seite vom Hafen zu schauen, dann sehe ich auf unser Clubgelände mit dem sehr schönen Clubhaus. Seit drei Jahren sind Horst und ich hier nicht mehr gewesen. Diese Erinnerung und die vielen Freunde, das hätte uns einen Knacks gegeben. Vielleicht können wir in späteren Zeiten dort einmal einen Besuch machen.

An den Rhein in Hitdorf werden wir oder ich mit dem Hund jetzt öfters eine Strecke laufen. An unserer früheren Wohnung, die Jessica am Hafen bewohnte, ist ein Vorbeigehen unvermeidbar. Dort gab es „Gute Zeiten, schlechte Zeiten". Diese Serie hatte unser Mädchen, wenn es ging, nicht ausgelassen.

Der Pepper hat hier jetzt genug herumgestöbert, wir laufen zurück. Zum Schluss geht der Lümmel doch noch ins Wasser, das ist kalt und er muss nass ins Auto. Der Rückweg ist Gott sei Dank nicht weit! Die Liebe hat mich heute begleitet.

**Möge ein Wunsch sich erfüllen**

Der März schenkt uns schon einige schöne, recht warme Tage. Die Kraniche sind zurück ins Land gekommen und das Frühjahr hat seinen Einzug gehalten. In 14 Tagen ist Ostern. Unsere Jessie hatte es immer gerne gesehen, wenn ich schon einige Tage vor Ostern Eier in einen Strauch gehängt habe. Also mache ich mich auf den Weg zum

Friedhof. Habe in der Gärtnerei Tulpen, Osterglocken und Primeln zum Einpflanzen gekauft. Ich suche noch einen Osterhasen, der auf das Grab kommt, und ich werde fündig.
Na dann geht es los! Alte Pflanzen nehme ich heraus und die neuen sortiere ich nach Farben und setze sie in die Erde. Das gefällt mir schon. Für die große, feststehende Vase habe ich aus der Natur Weidenkätzchen mitgebracht und die Ostereier hänge ich da hinein. Ich bin begeistert und stelle fest, es ist eine herrliche Farbenpracht und macht riesig Spaß, dieses Stück Erde immerzu so zu gestalten, dass es Jessie gefällt. Ich denke, es bedeutet, dass ich langsam anfange, die Situation des Todes anzunehmen. Damit würde ich innerlich etwas freier werden. Impulsiv denke ich an einen Spruch von Jessica!

„Trauerweide" - Spruch aus Jessies Homepage

Trauerweide immer nur sehen wir deine Tränen.
Warum weinst du und runzelst die Stirn?
Ist es, weil sie dich ohne Abschied verlassen hat?
Ist es, weil sie nicht verweilen konnte?
Auf deinen Zweigen schaukelt sie im Wind.
Sehnst du dich nach den fröhlichen Tagen mit diesem Kind?
Du hast ihr immer Zuflucht gewährt.
Und wie so oft hast du ihr glückliches Lachen gehört.
Trauerweide hör' bitte auf zu weinen,
Denn Grund für deine Angst gibt es keinen.
Du denkst der Tod hat euch für immer entzweit.
Doch in euren Herzen seit ihr eins - in Ewigkeit!

Dieser Spruch von Jessica ist mir persönlich sehr nahe gegangen und ich werde an ihr glückliches Lachen denken und mein Weinen einstellen. Es ist ein Segen, so eine Tochter zu haben, ich betone zu haben! Ihre Sprüche und Gedichte hatte ich mir so intensiv noch nicht durchgelesen. In einer ganz ruhigen Stunde werde ich mir diese vielen Sprüche ansehen. Ich will mich in ihr Inneres versetzen, um sie noch besser zu verstehen.

Bei diesem Denken geht etwas Eigenartiges in mir vor. Es könnte mich ängstlich machen ... ein Gefühl, immer mehr in mein Kind hineinschauen zu wollen, um mit ihr eins zu sein. Das will ich doch nicht wirklich, oder?

Stück für Stück beginnt sich, mein Leben grundlegend zu ändern. Es ist, als wolle ich die Welt ändern. Es darf nur noch Gerechtigkeit geben und Menschen, die Böse über andere sagen, hetzen oder urteilen, passen nicht mehr in mein Leben. Ich weiß genau, dass Menschen den Unterschied zwischen gut oder böse mit ihrem eigenen Gewissen vereinbaren müssen. Ein jeder kann sein Leben zum Guten wenden. Treffe ich auf den, der Böses im Schilde führt, dann gehe ich ihm aus dem Wege.
Der Mensch behauptet, er ändere sich im Alter nicht mehr oder es kann ihn keiner mehr ändern. Ganz trotzig folgt die Antwort: „Ich bleibe, wie ich bin."
Wirklich? Der Tod eines Kindes kann uns gewaltig ändern. Das ist eine Feststellung! Das merke ich an mir.
Es kommt mir eine Erleuchtung! Sollte es sein, dass ich Jessie in meinem Inneren noch festhalte und ich mich nicht trennen kann? Die Antwort muss ich finden. Vielleicht vor Jessicas Haustür? Das war Hitdorf am Rhein. Hier war sie einige Jahre zu Hause. Hier ist sie selbstständig geworden und hatte nicht immerzu die Mutter im Rücken.

Morgens aufwachen, die Vögel zwitschern und die Sonne scheint, das macht doch Laune.
„Guten Morgen" sage ich an Jessies Bild. „Bei dem schönen Wetter gehe ich heute mit dem Pepper an den Rhein, wenn du Lust hast, komme einfach mit uns."
In Hitdorf an der Fähre habe ich Glück und finde einen Parkplatz. Für einen Wochentag ist hier heute viel Betrieb. Den Pepper halte ich bis unten an den Rheinwiesen noch an der Leine, dann darf er laufen und mit anderen Hunden herumtoben. Hier können wir laufen bis zur Wuppermündung. Jedoch das muss heute nicht sein. Die andere

Strecke bis zu den Kribben ist schöner, hier möchte ich mich auf die Steine setzen, auf das Wasser schauen und den vorbeifahrenden Schiffen zusehen. Mein Hund lässt mich in Ruhe, er hat einen Knochen bekommen, damit ist er beschäftigt.

Hier ist auch die Stelle, an der die Jessie mit einer Freundin die meisten schönen Bilder von sich selber gemacht hat. Ich komme hier so richtig ins Träumen. Vor mir fährt gerade ein Ausflugsschiff vorbei, das viele Menschen an Bord hat. Berufsschiffe und auch Sportboote sind reichlich zu sehen. Neben mir steht ein Mast mit einer Fahrwasserbezeichnung, genau hier haben die Zwei die herrlichsten Bilder gemacht. Ich sehe mein Kind, wie sie lacht und über die Steine am Rhein geht, wie sie sich in Positur stellt und die Freundin knipst, wie sie die Arme zum Himmel hebt, springt, sich auf die Steine legt und so werden die schönsten Aufnahmen gemacht. Ich sehe sie am Wasser stehen und sie ist mein strahlender Sonnenschein.

Die Tränen putze ich mir schnell ab, denn ich will doch nicht mehr weinen, ich lächle etwas und frage:

„Ist es so richtig?"

Pepper und ich gehen weiter durch den Park und kommen zu dem schön angelegten Biergarten. Hier hatte sich unser Kind mit Freunden getroffen und schöne Stunden verlebt. Ich habe verstanden, dass sie hier in Hitdorf am Rhein, wo sie alle Freunde hatte, ihre Eltern nur brauchte, wenn sie in Not war. Und dann waren wir sofort da.

Ich setze den Pepper ins Auto und fahre ein Stück vor, auf den nächsten Platz, und stehe jetzt genau vor Jessies früherer Wohnung.

Den Blick von hier habe ich genau auf ihren Balkon. Die Lamellenstores sind halb aufgezogen. Der nächste Eigentümer hatte sie übernommen und es hat sich nichts verändert. In Gedanken sehe ich meinen Schatz dort oben auf dem Balkon stehen. Sie lächelt zu mir herunter und es überkommt mich ein zufriedenes Gefühl. Die Tränen laufen mir vor Freude die Wangen herunter. Ich kann mir mein Kind bildlich vorstellen, wie sie leibt und lebt. Jetzt erst fällt mir ein, das war doch eben am Rhein genauso und ich stellte mir Jessie bei den

Fotoaufnahmen vor. Ich sehe sie wieder deutlich da stehen.
Was ist vorgefallen? Es hat sich was geändert! Ab heute sehe ich Jessica bildlich vor mir, so wie sie leiblich vor mir stand, lächelnd oder auch wütend, Letzteres seltener.
Habe ich sie losgelassen? Ja, das glaube ich gewiss! Die Liebe zu ihr sitzt tief in meinem Herzen und Sie wird im Geiste immer in unserer Familie sein. So wird es bleiben!
Ich trete jetzt die Heimfahrt an und konzentriere mich auf die Straße.
Horst hat den Kaffee fertig und den genieße ich, während ich ihm meine Erlebnisse schildere. Er freut sich für mich, dass mein Wunsch sich erfüllt und ich endlich mein Kind sehe, wann immer ich will.
Die nächsten Tage und Wochen vergehen wie im Flug. Mein Ehrenamt, den Senioren ab dem 75. Geburtstag zu gratulieren, werde ich im August annehmen. Eine Beschäftigung mit älteren Menschen wird mir bestimmt gut tun. Der eine oder andere wird gewiss auch kleine Sorgen haben und ein Gespräch kann hilfreich sein. Horst und ich wollen einige Tage ins Sauerland an den Listersee fahren, wo unser Wohnwagen steht. Unser Töchterchen achtet derweil auf das Grab und gießt die Blumen.
Der Wetterbericht hat sommerliche Tage vorausgesagt. So werden wir einen abwechslungsreichen Urlaub haben. Der Pepper soll in die Hundeschule und darf auch im See schwimmen.
In der Freizeitanlage angekommen, wird erst einmal ausgepackt, der Pepper kommt an die Leine, denn hier ist Leinenzwang. Wie es überall so üblich ist, werden die Nachbarn in dem Parkgelände begrüßt.
Uns hatte man lange nicht mehr gesehen und niemand stellte Fragen, die an traurige Stunden erinnern könnten. Am Abend zog ich mich früh zurück und ging ins Bett. Horst saß unten im Anbau, dort befindet sich Diele, Küche und Wohnzimmer, alles recht gemütlich wie in einer Almhütte. Dort hat unser Hund auch sein Plätzchen. Der ist mit mir morgen Vormittag in der Schule angemeldet. Ich bin recht neugierig!

Ein herrlicher Sommertag weckt uns. Die Sonne scheint und keine Wolke ist am Himmel, unten auf dem See sind schon Angler mit ihren Booten draußen. Horst ist mit dem Hund schon im Wald, er will Brötchen mitbringen.

Bei dem schönen, warmen Wetter decke ich den Frühstücktisch draußen im Pavillon. Kaffee und die Eier sind jetzt auch fertig, so brauchen nur noch die Zwei mit den Brötchen kommen. Pepper bekommt heute früher sein Essen, damit er nicht mit vollem Magen in die Schule geht. Da kommen die beiden auch schon mit den Brötchen und der Zeitung. Ich gehe noch mal rein, mache an Jessies Bild die Kerze aus und gebe ihr ein Küsschen. Den Kaffee bring ich mit, dann wird gefrühstückt. Die Zeit spielt hier keine Rolle und es wird nicht gehetzt. Arbeit ist Hobby! Heute mache ich natürlich nach dem Frühstück die Betten, denn wir wollen pünktlich in der Hundeschule sein. Die Schule liegt am Waldesrand in einem großen, eingezäunten Gelände. Pepper bekommt beim ersten Mal Einzelunterricht, damit er alles kennen lernt. Eine Trainerin unterrichtet ihn und er hört auf Anhieb. Im Wald soll ich mich verstecken, jedoch das lässt der Pepper nicht zu, so sehr beobachtet er mich. Jetzt muss er mit mir angeleint an mehreren Hunden vorbeigehen, das macht er lässig. Doch nun das Gleiche noch einmal ohne Leine, auch dabei keine Reaktion zu den anderen Hunden. Die Trainerin ist von Pepper begeistert.

Zum Ballspiel dürfen wir noch mit anderen Hunden zusammen sein, die vorher artgerecht ausgesucht wurden. Dabei ist sein Verhalten vorzüglich. Der Unterricht ist nun zu Ende und ich bin stolz auf den Pepper. Wenn wir das nächste Mal kommen, dürfen wir in einer Gruppe mitgehen. Es ist noch früh am Mittag und ich möchte mit dem Hund noch ans Wasser gehen. In etwa 100 Meter Entfernung liegt der Strand, dort sieht er die Kinder im Wasser mit bunten Bällen und Schlauchboten. Dort würde er am liebsten sein!

Für Hunde verboten und das ist richtig.

Wir gehen an die Slipanlage, dort dürfen die Hunde ins Wasser. Ich nehme ihn an die lange Schleppleine. Gott sei Dank, dass ich das gemacht habe, seine Augen fixierten nur den Strand und er wäre trotz großer Entfernung über den See zum Strand geschwommen. Für solche Spielchen ist er noch zu jung.

Ich ziehe ihn immer wieder zurück und rufe ihn dabei. Das ist auch noch Lernstunde! Für heute hat er einiges gelernt und das muss Stück für Stück wiederholt werden. So Pepper, jetzt geht's ab nach Hause zum Papa. Er trottelte müde hinter mir her zum Auto. An unserer Hütte angekommen, rennt er zum Wasser, um zu trinken, dann schmeißt er sich auf seine Decke und schläft.
Sein Frauchen ist auch geschafft. Ich gehe zur Mittagsruhe rauf ins Schlafzimmer. Horst legt sich ins Wohnzimmer. Die Mittagsruhe brauchen wir jeden Tag.
Am Nachmittag marschieren wir hinauf in die höher gelegenen Wälder mit sehr vielen Tannen und Laubbäumen. Die Natur wahrzunehmen, das ist einfach wunderschön. Oberhalb der Kuppe liegen Felder und große Wiesen mit Tierbestand, wie Kühe und Pferde. Noch ein Stück des Weges, dann erreichen wir eine Plattform mit Sitzgelegenheit. Die Bank kommt uns wie gerufen. Horst ist froh, dass er sitzen kann, und ich kann sogar die Beine auf einen Baumstamm legen. Der Pepper hat es sich zwischen uns gemütlich gemacht. Eine kleine Überraschung habe ich im Rucksack, etwas zum Trinken und Wurst mit Brot. Es ist so schön wie auf einer Alm.

Wir geben uns hier auch noch die Zeit zum Träumen.
Die Zeit zum Denken, was jeder denken möchte.
Die Zeit für ein Gespräch, über oder mit Jessica.
Zu sagen, was er auf dem Herzen hat.
Worte sprechen laut oder leise.
In Gottes schöner Natur.

Besinnlich und sehr tapfer sitzen wir zwei umarmt auf der Bank. Unser Mädchen ist bei uns und der Pepper hat sein Köpfchen bei mir auf den Schoß gelegt und denkt sicher: Ich gehöre auch zu euch Dreien. Einen Augenblick verweilen wir noch an diesem herrlichen Ort, dann treten wir den Heimweg an. Es gibt unterwegs noch viel von Jessie zu erzählen und über sie zu lachen!
Zu Hause frage ich:

Gott hat die Welt geschaffen und lässt uns zum Guten und zum Schlechten walten.
Diesen Vorgang habe ich begriffen. Er ist allerdings für mich als Mutter ein Prozess, bei dem ich verstehen und lernen muss, mit der Sehnsucht und mit dem „nicht mehr Dasein" des Kindes umzugehen. Jessie ist da, nur nicht mehr auf dieser Welt. Eine jede Mutter ist zufrieden, wenn es ihrem Kind gut geht. Das bin ich auch, doch die Sehnsucht und die Liebe bleiben bestehen.
Hatte das Kind einen Unfall oder eine unheilbare Krankheit und überlebte diese nicht auf dieser irdischen Welt, so geht es in die geistige Welt und ist dort glücklich. Das hat Gott geschaffen zum Wohle der Menschen. Ich bin unserm Herrgott dafür ewig dankbar!
Dieses Wissen gibt mir ein gutes Gefühl und stärkt meinen Glauben, dass ich mit meiner Jessica nach meinem Tod wieder vereint bin. Ich kann meine schmerzende Sehnsucht etwas eindämmen und lasse dafür ein wenig Freude aufkommen bei dem Gedanken, dass es ein Wiedersehen gibt.
Mein Denken hat mich sehr zufrieden gestellt und ich glaube, dass unser Herr Jesus Christus mir zu neuer Kraft verhilft.
Mein Mann ruft mich:
„Bist du am Schlafen?"
„Nein, mein Schatz, ich habe etwas geduselt und hatte dabei anstrengende Gedankenphasen."
„Darf ich die auch erfahren?"
„Gut, setzte dich hier zu mir, ich werde es dir erzählen."
Als meine Geschichte zu Ende war, saß mein Mann ganz ruhig da.
„Ist was?"
„Nein, es ist alles in Ordnung. Du hast es mir sehr gut erklärt und ich konnte es besser verstehen, als es in kirchlichen Büchern beschrieben steht."
Ich bin froh, dass es bei meinem Mann so gut angekommen ist. Bei mir hat es schon länger gebraucht, bis ich den vollständigen Sinn des Daseins und des bald nicht mehr Daseins richtig verstanden habe. Jetzt ist genug philosophiert.

Das ganze Leben unseres Kindes hatte einen tieferen Sinn. Schaue ich zurück, erstellt sich mir eine immer neue Lebensversion von Jessie vor Augen.
Ihr Leben bedeutete: glücklich sein, Glück geben, schöne Kindheit, Begegnung mit dem Tod, Freude, Jugendliebe, Fleiß, Verlieben, Liebeskummer, Freude geben, Schmerzen, danach sofort wieder Lachen. Eine neue Lunge gab ihr das zweite Leben: Nun die große Liebe, Reisen, das Leben genießen. Und dann kam das furchtbar traurige Ende.
Schau ich in ihre Homepage, ist sie da wie sie leibt und lebt. Ihre Augen sagen mir, was sie denkt und vieles mehr. Auch das alles gehört mit zu meiner Empfindung, jeder Tag ist ein Tag mit dir!
Über dem See und zwischen den Bergen ziehen am Himmel leichte Wolkenschwaden auf, die sich in Tierfiguren verteilen. Meinen Gedanken lasse ich freien Lauf. Ich sehe über die Berge. Mein Blick schweift über den See hoch zum Himmel. Dort kreist ein Falke, der nach Beute Ausschau hält. Er kreist schon lange und findet wohl nichts. Doch jetzt geht er im Sturzflug runter. Gut, dass ich das nicht sehe, was sich dort auf der Erde abspielt. Es ist die Natur, jedoch die Beute würde mir leidtun.
Die Natur hat etwas Seltsames, Wunderschönes und bringt Unbegreifliches an Eindrücken mit sich, von ihr ist man immer wieder aufs Neue fasziniert. Sei es das Wachstum der Bäume mit ihren verknorpelten Wurzeln, die große Vielfalt der Pflanzen und die Tierwelt, die in ihrer Anschaulichkeit immer neu zu bewundern ist. Diese Bewunderung der Natur haben wir auch bei der Geburt eines Menschenkindes, wenn die Seele den Körper betritt. Der Tod ist ein trauriges Ereignis, weil die Seele den Körper verlässt, aber zugleich ein freudiges, die Geburt in die andere, die geistige Welt.
Das Ganze ist ein Naturereignis, das wir Menschen nicht wirklich begreifen wollen und können!
Ich fasse zusammen:
Die Geburt ist ein freudiges Ereignis!
Der Tod ist ein trauriges Ereignis, zugleich ein freudiges Ereignis für unseren Geist in die geistige Welt!

So langsam geht es auf den Herbst zu und die Tage werden kürzer. Ich liebe es, wenn man die Sonne in dieser Jahreszeit noch recht lange genießen kann. Heute ist mein Friedhofstag. Es erfreut mich jedes Mal, wenn ich auf dein Grab zu gehe und sehe, wie gepflegt und schön es ist!

Der Baum an deinem Grabe,
Steht noch in voller Pracht.
Der Herbst zählt seine Tage,
Bis die Blätter fallen sacht.
Der Wind umspielt die Krone,
Ganz leicht und schaukelt sie.
Ein Vogel zwitschert leise,
für dich ein Abendlied.
Nimm dankbar an die Weise,
Er hat an dich gedacht.
Und wünscht dir voller Freude,
„Eine gute Nacht."

Der Vogel sitzt noch eine Zeit auf seinem Ast und sieht mir zu, wie ich dir eine neue Kerze anzünde und die Ränder vom Gras befreie. Schade, jetzt verlässt er uns und fliegt zum nächsten Baum. An das schöne Lied muss ich denken: „Flieg nicht so hoch mein kleiner Freund."
Mit meiner schönen Arbeit hier bin ich fertig und ich werde nun einer Seniorin der Kirchengemeinde ein kleines Geschenk zum Geburtstag bringen. Dieses Ehrenamt macht mir Freude, denn ich sehe, wie die Augen der Senioren strahlen, wenn sie Besuch von ihrer Kirchengemeinde bekommen. Und ein kleines Schwätzchen wird gehalten, auch das ist meistens sehr wichtig. Diesen Monat stehen auf meiner Geburtstagsliste recht viele Mitglieder, so hätte ich bald meinen Geburtstag und unseren Hochzeitstag vergessen.
Für heute bin ich fertig und fahre nach Hause. Ich habe mir vorgenommen, in Jessicas Internetseite zu gehen, das war mir bisher nicht möglich! Einmal muss es ja sein. Dann eben jetzt!

Was ich hier zu lesen bekam, dazu gehörte schon viel Tapferkeit. Man hatte hier sogar ein Video zu Ehren der Jessie aufgenommen, das man sich ansehen konnte. Allerdings kamen in diesem eingetragenen Verein nur Mitglieder auf diese Internetseite und das sind wir noch heute. Auch hier haben junge Menschen sich gegenseitig Kraft und Mut zum Überleben mit ihrer Krankheit, die Mukoviszidose heißt, gegeben. Für Jessie stand fest, über ihr Leben und die Transplantation ein Buch zu schreiben. Dazu kam es aber nicht mehr! Eigentlich schade.

Ein jeder Tag mit Freud und Leid soll einfach schöner werden.
Ich bete zu Gott, hilf in der Not, gib mir die Kraft auf Erden.

Lass es geschehen, wie du es willst, lass uns nicht ewig leiden.
Denn alle Mütter dieser Welt ertragen den Schmerz, sind sehr bescheiden!

Auch alle Väter ertragen diesen Schmerz und weinen still in sich hinein.
Sie leiden still, das ist gewiss, sie können nicht anders sein!

Es vergeht der Herbst, so mancher Sturm hat die Blätter von den Bäumen gefegt. Alles sieht so kahl aus. Es ist November, auf den Gräbern stehen überall mehr rote Kerzen. Wir haben für unser Mädchen wieder aus dem Sauerland ein wunderschönes Gesteck gekauft. Es strahlt wieder so einen weihnachtlichen Glanz aus.
Am Sonntag ist der Totensonntag. Horst und ich gehen zusammen in die Kirche. An der Lichterkugel macht jeder eine Kerze für unseren Schatz an. Es ist so eine feierliche Stimmung, denn wir denken an unsere Liebsten, an unsere Toten. Rechts und links neben dem Altar stehen rote Friedhofskerzen mit unterschiedlichen Gedenksprüchen darauf. Der Pastor bittet die Gemeinde darum, dass jeder seine Kerzen anzündet, sie auf den Altar stellt und sie nach dem Gottesdienst mit auf den Friedhof nimmt.
Der Pastor hält eine sehr schöne Predigt, für mich mal wieder etwas

zusammen. Ich spreche mit ihr und die Antwort fühle oder empfinde ich. Ihr Geist kann nicht immer bei uns Irdischen sein, denn ihr zu Hause ist die geistige Welt bei unserm Herrgott. Dann brauch ich nicht traurig sein, sondern das Glück ist bei Jessie!
Ich zitiere einen ihrer Sprüche aus ihrer Homepage:

Ein Tag ohne Lächeln ist ein verlorener Tag.
Wenn die Wolken des Kummers unsere Tage verdunkeln,
Dann kann ein liebes Wort, ein offenes Ohr, ein herzliches Lächeln,
Wie ein Sonnenstrahl sein, der auf unsere Tränen trifft.
Und einen Regenbogen auf unser Gesicht zaubert.
Das bringt Freude auf!

In Jessicas Sprüchen und Gedichten erkennt man vieles aus ihrem Leben:

Du kommst, ohne zu wissen, was du tust!
Du bist da, ohne zu spüren, was los ist!
Du redest, ohne zu wissen, was deine Worte auslösen!
Du lachst, ohne zu wissen, was es für mich bedeutet!
Du weinst, ohne zu wissen, dass ich mit dir leide!
Du gehst, ohne zu wissen, was du hinterlässt!

Der Spruch sagt nicht nur vieles aus, sondern verrät Gefühle und Empfindungen. Ich stecke mitten in ihrem Leben. Gehe ich in ihre Homepage, verstehe ich mein Kind Tag für Tag immer mehr. Ihre Lebenseinstellung stellt sich mir immer wieder aufs Neue dar. Wie hier dieser kleine, schöne Spruch:

Ich habe gelernt, dass du niemanden dazu bringen kannst, dich zu lieben! Alles, was du tun kannst, ist jemand zu sein, den man lieben kann! Ich würde behaupten:
„Jemand zu sein, den man lieben muss", so geht es mir und vielen Menschen.

„Was hältst du davon, wenn ich morgen Germklöße mache?"
„O ja, das war Jessies Lieblingsspeise, davon aß sie vier bis fünf, manchmal auch sechs."
Essen Engel auch Klöße?
Das kann nur unser Engel beantworten!

## Jeder Tag ist ein Tag mit dir

Das Vogelgezwitscher hat heute eine besonders schöne Melodie. Der Refrain wiederholt sich mehrmals im gleichen Abstand. In meinem kuscheligen Bett möchte ich dem Gezwitscher weiter zuhören und unentwegt an schöne Zeiten denken. Man lässt mich aber nicht, der Kaffeegeruch streicht um meine Nase. Das bedeutet, die Beine aus dem Bett, waschen und mich schick machen für meine Liebsten.
Niemand ist unten in der Küche, nur die Kaffeemaschine gibt ein herrliches Aroma ab. Das bedeutet für mich, die Eier kochen, den Tisch decken, damit ich fertig bin, wenn Horst und Pepper mit den Brötchen kommen. Die Kerze habe ich bei unserem Schatz angezündet und sie begrüßt. Da kommt auch schon der nächste auf vier Beinen und will begrüßt werden. Zuletzt kommt mein bestes Stück, mein Großer! Er geht zu Jessie, wünscht ihr einen schönen Morgen und wir können mit dem Frühstück beginnen. Dabei nehmen wir uns viel Zeit, denn im Urlaub lassen wir das Mittagessen ausfallen und es gibt dafür ein Stück Kuchen.
Der Hund drängelt, er möchte raus in die Sonne. Ich mache ihn an die Leine, aber so, dass er in die Sonne und in den Schatten kann. Horst setzt sich in den Pavillon und liest seine Zeitung, ich lege mich in den Liegestuhl und schaue auf den See. Wie immer, wenn ich zur Ruhe komme, gehen meine Gedanken liebevoll zur Jessie.
Ich denke: Schöne Stunden erleben trotz Trauer, die Traurigkeit mit einbeziehen in das Schöne.
Ich stelle es mir bildlich so vor, mein Kind kommt und wir gehen zusammen spazieren oder wir erleben in Gedanken einen schönen Tag

ergreifend. Aber logisch, es geht ja um unsere Liebsten, die wir verloren haben. Während des Singens schaue ich vom Altar nach oben, wo die ganzen Engel sitzen, dann sage ich zu Horst:
„Dort oben sitz irgendwo unsere Jessica."
Er nickt und sieht nach oben.

Das Ganze war ein schöner, festlicher Gottesdienst. Zum Abschluss nehmen wir alle die Kerzen, die Deckel dafür liegen am Ausgang und der Pastor verabschiedet sich von jedem Gemeindemitglied. Am Ausgang beschert uns der Sonntag Gott sei Dank trockenes Wetter.
Wir laufen über die Straße zum Friedhof. Zuerst geht es zu den Eltern von Horst, die jedes Jahr eine Kerze zum Totensonntag bekommen. Dann zu unserer Jessie, die heute das zweite Mal eine Kerze zum Totensonntag bekommt. Eine Zeit bleiben wir beide bei unserem Schatz stehen. Gebetet hat Jessie mit uns in der Kirche, das muss jetzt nicht mehr sein.
Ich liebe dich, meine Maus, denke ich und gebe ihr wie immer ganz viele Küsschen mit der Hand. Der Papa machte es ähnlich, auf seine Art.
Wir machen uns auf den Rückweg. Es folgen ruhige Tage. Abwesend in meinen immer zu vielen Gedanken zitiere ich Anselm Grün:

Stille ist mehr als die Abwesenheit von Lärm, mehr als Fehlen von Worten.
Stille fordert uns heraus, uns der eigenen Wahrheit zu stellen.
Sie ist ein Zustand, etwas, das auf den Menschen trifft.
Die Stille ist da, bevor der Mensch etwas tut.
Stille hat eine eigene Qualität.
Es ist die Qualität des reinen Seins.
In der Stille bricht etwas auf, das wir nicht mehr benennen können.
Es ist das Geheimnis schlechthin.
In der Stille kommt das Wesen der Dinge zum Vorschein.

An nichts denken, so habe ich eine ganze Stunde verbracht. Eine Ruhe ist in mir eingekehrt, die mich an eine Zufriedenheit teilnehmen lässt. Dieser Zustand ist einfach beruhigend und gibt mir die Freiheit von dem, was mich vorher belastet hat. Freiheit bedeutet auch, frei sein von Kummer und Leid! Zur Ruhe kommen, an nichts denken, alle Sorgen in dieser Zeit hinter sich lassen. Nichts hören, nichts sehen, wie ein Vogel abheben, das ist Freiheit. Überfällt mich die Trauer sehr stark, setze ich mich in mein Zimmer und meditiere. Die Ruhe wird in mich kehren und gibt mir die Freiheit, die ich brauche. Ich beende heute einen für mich zufriedenen Tag. Meiner Tochter sage ich lächelnd: „Schlaf gut." Und ich begebe mich zur Nachtruhe.

Die letzten Novembertage waren recht windig und brachten auch schon mal Sturmböen mit. Der Dezember ist kalt und die Schneetage häufen sich. Es sieht ganz nach weißer Weihnacht aus. Horst und ich sind uns einig, dass wir wieder keinen Baum schmücken wollen. Nur die große Krippe stellen wir in den nächsten Tagen auf. Maria und Josef haben ja noch einen weiten Weg bis nach Betlehem.
Die Vorweihnachtszeit war mit den Kindern und Freunden - später kamen die Enkelkinder dazu - immer die schönste Zeit. Weihnachten kamen alle zu Besuch, es war immer sehr schön, jedoch mit viel Arbeit verbunden. Und heute? Da kommt unsere Tina mit ihren Teenagern am Heiligen Abend und dann war es das. So ist das Leben!
An diesem Heiligen Abend habe ich mir vorgenommen, unbedingt in die Christmesse zu gehen.
Am Nachmittag gehen wir mit den Kindern in den Gottesdienst. Es wird, wie immer, ein Krippenspiel aufgeführt. Die Kinder haben diese Aufführung wunderbar vorgetragen. Es war sehr festlich und für uns ergreifend. Doch ich bin froh, als wir auf dem Weg zum Friedhof sind. Bei Jessie am Grab sagen wir uns alle: Frohe Weihnachten! Es ist immerhin das Fest der Liebe und unsere Jessica wird von uns allen immer und ewig sehr geliebt! Das Grab ist weihnachtlicher geschmückt als unser Zuhause. Hier soll es auch festlich sein und hier treffen wir uns gerne!

Zum Abendessen fahren wir „alle" zu Mama und Papa - für die Enkelkinder natürlich Oma und Opa - nach Hause. Die Kerzen an Jessies Bilder zündet Horst als Erstes an, damit unser Schatz sieht, ich gehöre immer hierher. Die Krippe wird elektrisch eingeschaltet. Zur Jessie sage ich:
„Schau, ich lege das Jesuskind wie immer und in allen Zeiten in die Krippe." Die Erinnerung brachte mich zum Weinen. Ist aber natürlich!

Nach dem Abendessen fahren wir die Kinder nach Hause, denn sie wollen noch bescheren und sind auch neugierig, was sie wohl von ihrer Mama zu Weihnachten bekommen. Ich freue mich schon auf den Christgottesdienst, der um 23 Uhr beginnt. Vorher will ich doch einmal im Dunkeln zum Grab gehen, um mir die Lichter und die Solarkrippe anzusehen. Mein Schatz sagt dazu nichts, denn er weiß, ich werde es ja doch tun.
Ich mache mich auf den Weg. Am Friedhof angekommen, sehe ich, dass die Straßenlaternen den Weg bis zur Kapelle gut beleuchten. Ich mache mir sicherheitshalber mein Handy an und stelle mir alles ein, denn im Dunkeln kann ich nichts mehr sehen und so brauche ich, wenn Not ist, nur drücken. Ganz langsam gehe ich bis zur Kapelle. Ich muss daran denken, dass Bekannte mir sagten: „Die Toten tun dir nichts, nur die Lebenden." Da wird es mir doch ein wenig mulmig. Ich bleibe stehen, um mich an die Dunkelheit zu gewöhnen. Bei jedem Schritt sehe ich hinter jedem Baum eine Gestalt. Es ist mir zu unheimlich, ich drücke das Handy ein und erzähle meinem Mann, dass ich nun zurückgehe und er möge am Telefon bleiben, bis ich wieder auf der Straße bin.
Die Angst hatte mich richtig gepackt und ich war froh, wieder auf der Straße zu sein. Das mache ich nicht noch einmal, es ist beruhigend, meinen Mann in der Leitung zu haben. Einen Augenblick unterhalten wir uns noch, dann gehe ich rüber in die Kirche. Ich habe das Glück, als Einzelperson noch vorne in der vierten Reihe einen Platz zu erhalten. Wenn in der Weihnachtsnacht die Glocken läuten, bekomme ich immer eine Gänsehaut, denn das ist etwas Besonderes.
Die Orgel spielt und der Chor singt „O, du fröhliche". Der Pastor

erzählte eine wunderschöne Weihnachtsgeschichte und ich höre aufmerksam zu. Die Gemeinde singt ein Lied, der Chor stimmt ein und die Gemeinde hörte auf zu singen, und so geht es im Wechsel. Das hat mir gefallen. Zum Abschluss wurde natürlich „Stille Nacht" gesungen, das war für mich schlimm und so ergreifend. Früher war es immer mein Lieblingslied und heute kommen mir die Tränen. Ich denke, das wird sich gewiss mal wieder ändern.
Die Messe ist zu Ende, es hat mir gefallen. Ich fahre glücklich nach Hause.
Das war ein schöner Heiligabend am Tag und in der Nacht, denke ich zufrieden.

In der Nacht zum ersten Weihnachtstag hatte es etwas geschneit. Horst geht mit dem Hund raus und ich mache das Frühstück. Gemütlich wird es erst, als ich die Krippe und an Jessicas Bildern alles erleuchtet habe. Ich gehe auf die Terrasse, um zu schauen, ob die Zwei jetzt kommen, da sehe ich dicke Schneeflocken. Wir hatten vor, nach dem Frühstück zusammen zum Friedhof zu fahren. Das machen wir besser getrennt, damit einer beim Pepper bleibt, denke ich.
Da kommen die Zwei. Horst schlägt den Schnee auf der Terrasse von seiner Jacke ab und den Hund rubbele ich im Bad mit dem Handtuch trocken. Jetzt wird gefrühstückt und der Mister Hund bekommt sein weihnachtliches Frühstück.
Wir sind uns einig, es fährt einer von uns zum Friedhof. Das soll ich sein und mein Göttergatte kocht das Mittagessen. So werde ich mich in den Schnee begeben. Die Hauptstraßen sind einigermaßen geräumt, jedoch langsames Fahren ist angesagt. Auf dem Friedhof liegt so richtig viel Schnee und mit dem richtigen Schuhwerk macht es Spaß, da durch zu stampfen. Bisher ist mir noch kein Mensch begegnet und es gibt auch keine Spuren im Schnee, nur meine.
Es hat aufgehört zu schneien, die Sonne sucht sich einen Weg durch die Wolken und glitzert phantastisch auf den Schnee. Das Grab ist vom Schnee zugedeckt. Ich stampfe mit meinen Schuhen einen Weg ringsherum um das Grab und kehre den Stein frei vom vielen Schnee.

Die Kerzen brennen noch und die Wärme, die von ihnen ausgeht, lässt an diesen Stellen den Schnee schmelzen.
Überall Schnee, die Sonne strahlt und spiegelt sich in dem schwarzen, glänzenden Stein wieder. Das ist ein herrliches Bild. Es macht mich auf einmal sehr glücklich, dass hier, an dieser schönen Stelle, die von uns mit Liebe gepflegt wird, die Überreste des toten Körpers meiner Tochter begraben und die Erinnerungen an sie hier verankert sind. Aus dem Jenseits, mein Kind, schaust du zu mir herab und bist glücklich, dass ich zufrieden bin. Diese Zufriedenheit hat mir heute die Natur und die Liebe zu dir gegeben! Ich stampfe jetzt den Weg vorsichtig zurück und morgen kommt der Papa. Ein ganz dickes Küsschen von mir, mein Schatz! Ich liebe dich, mein Mädchen.

Die nächsten Tage hatte es so viel geschneit, dass niemand auf den Friedhof gehen konnte. Es war alles eine schöne Schneeebene.

**Die Ruhe hilft bei Kummer und Leid**

Die kalten Tage, die weiterhin viel Schnee mitbringen, halten noch an. Laut Wetterbericht ist keine Änderung in Sicht. Mit dem Auto fahren nur die, die zur Arbeit und wichtige Termine einhalten müssen. Zwischenzeitlich fuhr ich doch ein einziges Mal zum Friedhof. Die Straßen waren geräumt, jedoch die Wege musste ich im hohen Schnee durchkämmen, das war anstrengend und muss nicht noch mal sein. Sogar mit dem Hund ist es nicht immer einfach. Stellenweise muss er durch sehr hohen Schnee laufen und dann bleiben dicke Schneeklumpen im Fell und an den Pfoten hängen. Diese kalte Jahreszeit geht auch bald vorbei.

Ich brauche unbedingt die innerliche Ruhe. So gehe ich in mein Zimmer und kehre in mich hinein.
Ich denke für mich ganz alleine.
Ich denke an das Gedicht von Jörg Zink:

Wie wir beten können

In dir sein, Herr, das ist alles.

Das Ganze, das Vollkommene, das Heilende.
Die leiblichen Augen schließen,
Die Augen des Herzens öffnen
Und eintauchen in deine Gegenwart.
Ich hole mich aus aller Zerstreutheit zusammen
Und vertraue mich dir an.
Ich lege mich in dich hinein, wie in eine große Hand.

Ich brauch nicht zu reden, damit du mich hörst.
Ich brauche nicht aufzuzählen, was mir fehlt,
Ich brauch dich nicht zu erinnern
Oder dir zu sagen, was in dieser Welt geschieht
und wozu wir deine Hilfe brauchen.

Ich will nicht den Menschen entfliehen
Oder ihnen ausweichen.
Den Lärm und die Unrast will ich nicht hassen.
Ich möchte sie in mein Schweigen mit aufnehmen
Und für dich bereit sein.

Stellvertretend möchte ich schweigen.
Für die Eiligen, die Zerstreuten, die Lärmenden.
Stellvertretend für alle, die keine Zeit haben.
Mit allen Sinnen und Gedanken warte ich,
Bist du da bist.

In dir sein, Herr, das ist alles,
Was ich mir erbitte.
Damit habe ich alles erbeten,
Was ich brauche für die Zeit und die Ewigkeit.

Ein sehr schönes Gefühl kommt über mich und gibt mir eine unbegreifliche Zufriedenheit!
Wie lange ich in Ruhe verbracht habe, weiß ich nicht genau. Aber Herr, ich fühle, du hast mich ganz aufgenommen. Meine Unruhe, meine Zerstreutheit und meine Sorgen, alles ist verflogen. Ich kann wieder frei atmen und nichts belastet mich mehr. Es quälten mich die Gedanken so sehr, immerzu mit meinem Kind zu sprechen, eine Antwort zu erwarten und keine zu bekommen. Es war ein unzufriedenes Gefühl.
Die Lösung liegt mir auf der Zunge:
Spreche ich mit meinem Herrgott, sagt er auch nichts zu mir und ich erwarte auch nichts.
Mit meiner Jessie wird ein Gespräch jetzt anders verlaufen. Ich werde sagen:
„Wie geht es dir? Aber bei dem schönen Wetter muss es dir ja gut gehen oder ich liebe dich so sehr, wie du auch mich liebst." Schon bei dem Gedanken, dass das eine gute Verständigung ist, ist es mir wohler. Du hast mir als Kind schon immer rätselhafte Aufgaben aufgegeben, so darfst du das im Alter mit mir auch tun und dir macht es sicher riesigen Spaß!

Die Trauer mein Schatz sie bleibt und ist des Öfteren,
Das kann ich dir ruhig sagen,
Etwas leichter zu ertragen.

An dich zu denken in manch fröhlichen Stunden.
Es macht mich freier
Und ist mit Zuneigung und Liebe verbunden.

Irgendwo bist du immer wenn nicht auf der Erde.
Im Jenseits bestimmt.
Zufrieden sind Mama und Papa, wenn schöne Stunden bei dir beständig sind!

Sollte es so weitergehen, liebe Jessica, dann kann man schon vieles besser ertragen. So oft wie Papa und Mama zu deinem Grab gehen, so oft haben wir dich nicht in Hitdorf besucht. Du kamst dafür des Öfteren zu uns nach Hause.

Endlich haben die starken Frosttage ein Ende und geschneit hatte es bis Ende Februar. Die Erde auf dem Grab ist noch nicht ganz aufgetaut, jedoch schmeiße ich das große Gesteck und das Tannengrün herunter. Da sehe ich zwischen dem Grün ein Bild von unserer Jessica und einem Jungen aus unserer früheren Nachbarschaft. Die beiden sind als Kinder zusammen groß geworden und dicke Freunde geblieben. Nette Worte standen auf der Rückseite und er wolle der Jessie sagen, dass er auf sie gehört und sich eine Freundin genommen hat.

In den letzten drei Jahren standen viele rührende Geschenke auf dem Grab. Sogar jetzt im Februar im Schnee. An ihrem Todestag hatten einige an sie gedacht. Aus der gefrorenen Erde holte ich noch ein kleines Engelchen, das man wohl in den Schnee gestellt hatte. Alles bekommt wieder einen schönen Platz. Ich mische mit der alten Erde die neue Blumenerde und setze gelbe mit blauen Primeln zusammen. Es gefällt mir und der Jessie sicher auch. Das Bild bekommt wieder einen versteckten Platz. Die Engel, groß und klein, sollen gut gesehen werden. Den Osterhasen stelle ich auch schon zwischen die Blumen, damit er früh genug mit der Eierfärberei fertig wird.

So, mein Kind, das Frühjahr habe ich dir jetzt hier hingezaubert. Es fehlt nur noch die Sonne und die Kraniche müssen zurückkommen. Dann fängt das Frühjahr an!

Ich finde es so prima, dass uns das Friedhofsamt hier eine Bank hingestellt hat. Ich werde mich hier gerne hinsetzen, entweder zum Erzählen oder zum Träumen, und ich lasse mir dabei etwas Schönes einfallen. Vielleicht auch für dich, denn Überraschungen hast du ja immer schon gerne gehabt.

So Kleine, ich muss jetzt gehen. Mit dem Pepper will ich noch an den Rhein spazieren gehen. Hoffentlich geht er mir nicht ins Wasser, denn dafür ist es noch zu kalt. Du weißt, wo wir sind.

Dass ich die Freude bringe, wo Traurigkeit ist,
Dass ich das Licht bringe, wo Finsternis waltet.

Dieses Gebet passt in meine neue Welt und ein guter Freund legte es mir auf meinen Schreibtisch. Gute und böse Menschen gab es immerzu, so stand es schon in der Bibel. Und unser Herrgott erzürnte, wenn sein Volk nicht gehorchte.

Sehr viele Menschen, überwiegend jüngere, haben bei der Trauerfeier von Jessica gezeigt, was Liebe und Glaube ist. Nicht nur einmal kamen die Worte: „Wer stirbt, der wird zum ewigen Leben geboren." Das ist ein Glaube, der bei vielen, vielen Menschen fest sitzt.
Diese, meine Gedanken und Gefühle, die mich gefestigt haben, geben mir ein vertrautes und sicheres Verhalten im alltäglichen Leben zu meinem Kind. Um weitere Konflikte zu lösen, fahre ich an den Rhein.

Die Sonne scheint und die ersten Kraniche sind Richtung Norden unterwegs. Ich bin warm angezogen und setze mich alleine auf eine Bank unmittelbar vor Jessies früherer Wohnung am Rhein. Ich habe Glück, deutsche Hotelschiffe fahren nach Holland, nehmen noch vor Ostern Fahrgäste auf und machen den Rhein aufwärts sehr schöne Städtefahrten. Die Schiffe, es sind vier an der Zahl, sind frisch gestrichen, überholt und können auf große Fahrt gehen. Hier zu sitzen, das bedeutet träumen am schönen Strand vom Vater Rhein.
Nicht weit von weißen Schiffen saß ich im hellen Sonnenschein und tat mein Kind vermissen.
Vermissen ja, auch mal eine oder ein paar Tränen dürfen kullern. Dann darf ich nicht mehr traurig sein, denn das Glück soll unsere Jessica heimfahren. Hier ist sie am Rhein entlang gelaufen. Hier hat sie gestrahlt oder laut gelacht. Die schönsten Erinnerungen und Gefühle sind hier am Rhein geblieben, und hier sollen sie auch bleiben!
Papa und Mama kommen gerne hier an den Hafen und wollen deine Fröhlichkeit spüren und sie nicht mit Trauer zerstören!

Am Abend bin ich hier im Gemeindehaus zum Literaturkreis. Du siehst, mein Mädel, deine Mama ist richtig beschäftigt. Gute Nacht!

Das dritte Jahr nach dem Todestag hat begonnen. Die Kraft, die ich in dieser Zeit innerlich verspürte, gab mir die Stärke zum Aushalten. Die Meditation ließ mich immer mehr in Gottes Nähe sein und ich empfand eine Liebe, die für andere unerklärlich ist. Auch fühlte ich mein Kind irgendwo, aber nicht weit von mir. Ich begann langsam einen zufriedenen Weg zu gehen, den ich nicht ganz alleine gehen wollte. Für mich steht fest, der Mensch kann mir in meinem Leid nicht helfen. Niemand, auch nicht mein Partner. Ich ihm auch nicht!
Gehe ich in den Gottesdienst, habe ich mehrere Gefühlsschwankungen, die mich nie irritieren, im Gegenteil, die ich sehr akzeptiere. Hier lerne ich, dass ich das Leid nicht nur ertragen, sondern es auch überwinden kann.

Einmal im Monat nehme ich bei dem Pastor an der Bibelstunde teil. Es begeistert mich, in der Gemeinschaft die Bibel besser verstehen zu lernen. Fragen werden gestellt und Antworten gegeben. Damit sind neue Erkenntnisse für mich gesetzt. Diese Stunde begleitet mich in ein neues, verständnisvolles Leben: Den Tod eines Kindes besser zu verstehen, wenn es anderweitig keine Rettung mehr gibt.
Die Liebe strahlt in mir immer weiter aus und lässt nichts Böses an mich heran. Um mich herum soll es nur Frieden geben, jedoch die Menschen sind davon nicht alle erbaut.
Ich schließe mich dem Gebet des hl. Franziskus von Assisi an.

Herr, mache mich zum Werkzeug deines Friedens,
Dass ich Liebe bringe, wo man sich hasst,
Dass ich Versöhnung bringe, wo man sich kränkt,
Dass ich Einigkeit bringe, wo Zwietracht ist,
Dass ich den Glauben bringe, wo Zweifel quält,
Dass ich die Wahrheit bringe, wo Irrtum herrscht,
Dass ich die Hoffnung bringe, wo Verzweiflung droht,

Geh deinen inneren Weg
Der göttlichen Quelle entgegen,
Die dich belebt und nährt
Zur Selbstwerdung und Solidarität.

Geh deinen inneren Weg
Im Wahrnehmen und ausdrücken
Deiner vielfältigen Gefühle,
Um sie besser lassen zu können.

Geh deinen inneren Weg
Durch unruhige Momente hindurch
Zum Schweigen Innehalten,
Das dich gelöster werden lässt.

Geh deinen inneren Weg.
Erkenne im tiefen Ein- und Ausatmen
Jene innere Begleitung,
Die deinem Leben Tiefe schenkt.

Sollte er ernste Überzeugungen haben und an der Meditation interessiert sein, so denke ich, lässt er es mich wissen!

Heute ist Mittwoch und bei dem herrlichsten Wetter geht Horst mit unserem Hund am frühen Morgen an die Wupper. Das Frühstück mache ich, wie das immer üblich ist. Während ich auf die Zwei warte, höre ich von draußen ein eigenartiges Gekreische und gehe auf die Terrasse. Ein riesiger Schwarm von Kranichen zieht in Richtung Norden. Krah, Krah, so rufen sie, das sind ihre Laute. Es ist jedes Mal beeindruckend, wenn man an ihre Leistung denkt, dass sie so viele Kilometer zurücklegen.
Pepper schaut zum Himmel hinauf und den Kranichen hinterher. Für ihn ist es unbegreiflich, er hat so viele Vögel noch nie auf einmal gesehen. Aber nun wird gefrühstückt!

Wir überlegen, was wir bei so einem schönen Wetter wohl unternehmen könnten. Da meint Horst:
„Du warst jetzt des Öfteren ganz alleine mit dem Pepper in Hitdorf am Rhein und du fühlst dich dort wohl?"
„Ja, mein Schatz, sehr sogar und ich denke dabei gerne an Jessica."
„Dann fahren wir zwei am Nachmittag zusammen hin."
„Prima, ich freue mich."

Und ich beeile mich bei meiner Hausarbeit. Ich muss noch ins Städtchen, einige Einkäufe erledigen, und die ganze Zeit überlege ich, dass ich gerne nach sehr vielen Jahren noch einmal in die katholische Kirche gehen möchte. Als Kind ging ich gerne mit anderen Kindern zur Messe dort rein. Nun stehe ich davor. Mit vielen Erinnerungen betrete ich diese Kirche.

Hier ging meine Martina mit zur Kommunion, sie wurde im Jahre 1963 im katholischen Krankenhaus getauft. Andächtig sehe ich mir alles an und bleibe vor der Mutter Gottes stehen. Auch diese Frau traf das gleiche Schicksal, ihr Junge wurde mit 35 Jahren gekreuzigt und sie musste mit ansehen, wie er litt und durfte und konnte ihm nicht helfen.

Hier, an dieser Stelle, zünde ich ein Licht an und bete (Worte aus dem Ps 27):

Herr, dieses Licht, das ich hier anzünde,
Soll ein Licht sein, durch das du mich erleuchtest
in meinen Schwierigkeiten und Entscheidungen.

Ein Feuer durch das du mein Herz
Erwärmst und lieben lehrst.
Herr, ich kann nicht lange
In dieser Kapelle weilen.

Mit dem Brennen eines Lichtes
Soll ein Stück von mir selbst hier bleiben

Das ich dir schenken möchte.
Hilf mir, mein Gebet in der Arbeit
Dieses Tages fortzusetzen.

Der Herr ist mein Licht und mein Heil,
Vor wem soll ich mich fürchten.

Eine ganze Weile bleibe ich noch vor der Mutter Gottes stehen, sehe sie nur an und führe ein Zwiegespräch. An ihre Qualen denke ich erst jetzt, wo ich vor ihr stehe. Ihr Bildnis sah ich immer nur als Mutter von Jesus. Herr, vergibt mir! Ich bin allerdings damit nicht so einfach fertig und verurteile meine Gedankenweise. Auch als Evangelische darf mir das nicht passieren.
Ich verlasse die Kirche und gehe nach Hause. Der Vormittag ist schon fast vorbei und Horst hat mal wieder das Kochen übernommen, was jetzt immer öfters vorkommt, es machte ihm ganz einfach Spaß. Er darf es, es ist für ihn gedankenvolle Therapie, und Kochen kann er, das muss man wohl sagen.
Nach dem Essen halten wir etwas Mittagsruhe und die kurze Fahrt geht an den schönen Vater Rhein. Es wird geparkt in der Nähe des Jachthafens.
Horst schaut rüber zu dem Balkon, wo Jessie gewohnt hat. Da ist von den Nachmietern niemand zu Hause. Richtig, da ist kein Mensch. Wir gehen mit dem Pepper runter zur Hafenmulde und sofort ist er im Wasser. Ein paar Runden schwimmt er, kommt wieder raus und schüttelt sich kräftig das Fell, damit wir auch was abkriegen. Ich spreche bewusst viel von Jessie, denn hier ging sie viel mit der Mischlings-Hündin spazieren. Horst schaut sich an meinem Verhalten viel ab und merkt, dass ich einiges lockerer sehe und die Tränen nicht mehr so oft fließen. Unser Hund ist beschäftigt und wir beide setzen uns am Ufer auf eine Bank.
„An dieser Stelle hier möchte ich dir einen Spruch von Eugen Drewermann vorlesen!", sage ich.

Es wird ein Sonnenaufgang sein,
wenn das Boot unseres Lebens
landet am anderen Ufer, und der
Herr wird dort stehen
und er wird auf uns warten.

Und alles wird münden in diesem
Hafen des Friedens am anderen Ufer,
wo wir ihm übergeben, was immer wir sind.

„Dieser Spruch ist sehr schön, er passt zu uns und zu diesem Ort", sagt mein Mann.
Ich stelle fest, dass auch er sich sehr verändert hat. Vor noch nicht allzu langer Zeit hätte Horst gesagt: Lass mich mit solchen Sprüchen in Ruhe.
„Mein Schatz, ich habe da mal eine Frage, zugleich eine Bitte", sagt er plötzlich. „Ich möchte, dass du mir vor der Meditation einen Spruch vorliest, dann den Raum verlässt und ich meine Ruhe finde."
„Das tue ich gerne und ich werde dir einen Spruch aussuchen", antworte ich.
So langsam geht die Sonne unter und fällt bei Dormagen in den Rhein. Der Pepper hat es sich neben uns gemütlich gemacht. Doch es wird jetzt kühler und wir fahren nach Hause.

Am Abend bittet mich mein Mann um den Spruch zur Meditation. Ich lese vor:

Zur Vorbereitung
von Anselm Grün

Schweigen als Weg, mit seinem „wahren Selbst" oder göttlichen Kern in Berührung zu kommen, ist ein Akt des Loslassens ... Loslassen bedeutet nicht, dass ich die Gedanken und Gefühle, die während des Schweigens in mir auftauchen, unterdrücke und dass ich mich

anstrenge, sie aus mir zu vertreiben, damit ich endlich Ruhe habe.
Ich schaue vielmehr den Gedanken oder das Gefühl an und nehme es nicht so wichtig.
Der Gedanke ist da, aber er soll mich nicht beschäftigen.
Wenn er im nächsten Augenblick wiederkommt, ärgere ich mich nicht, dass das Loslassen keinen Erfolg hatte, sondern ich lasse ihn wieder los.
Die Gedanken kommen und gehen, sie besetzen mich nicht.
Ich stehe nicht unter Leistungsdruck, sie loswerden zu müssen, sondern ich gehe mit ihnen gelassen um, ich lasse sie kommen und gehen, bis sie immer weniger kommen, bis ich allmählich davon frei werde.

Ganz leise verlasse ich den Ort der Stille und schließe die Tür hinter mir. Ich setze mich bequem in meinen Sessel und lasse meinen Gedanken freien Lauf. Dreieinhalb Jahre sind vergangen, seit unser Sonnenschein nicht mehr unter uns weilt. Die Liebe zum Kind ist noch stärker geworden und teilt sich in zwei Hälften. Die eine Hälfte macht mich sehr glücklich, in dem ich viel an Jessie denke, mit ihr spreche und in allen Bereichen zufrieden bin. Die andere ist die Bleibende, die ist mit Liebe und Traurigkeit verbunden, die ich ohne Weiteres verkraften kann und die immer in meinem Leben eine Rolle spielen darf. Das Gleiche vertritt auch dein Papa! Wir lieben dich!

„Tief im Herzen ist immer dein Platz und da darf es auch schmerzen, mein Schatz!"

**Nachwort**

In der Zeit, als ich dieses Büchlein schrieb, bin ich durch große Tiefen gegangen. Bin oft verzweifelt! Dann sagte mir meine innere Stimme: Nur nicht aufgeben. Dein Kind hat die Stärke ihrer Mama so sehr geliebt.
Diese Stärke brauchte ich zurück, um mir zu helfen!

Die Hilfe gab mir die Meditation!
Die Stille, an nichts denken, alles vergessen!
Die Ruhe lässt mich die Nähe Gottes spüren!
Der Glaube, das die immer stärker werdende Liebe,
mir die Kraft gibt, mein Kind loszulassen.
Damit sie glücklich in ihrer Heimat lebt!

Eine Mutter kann nur von Glück sprechen, wenn ihr Kind, ob groß ob klein, glücklich ist!
Die Mutter von Jesus Christus ist mir ein Vorbild geworden!

**Das ist mein zweites Buch.**

Das Erste erzählte die Geschichte der Jessica, die mit ihrer Krankheit als Baby von ihren Eltern vernachlässigt und von uns adoptiert wurde. Es folgte eine ergreifende Geschichte bis zu ihrem Tod.

*„Mama, ich will nicht sterben ... mein eigener kleiner Stern"*

Der Grund für das Folgebuch ist, die wahren und schmerzenden Gefühle der Eltern, die sich von ihrem Kind trennen mussten, zu schildern. Kein Elternteil lässt sich von Außenstehenden einen Rat geben. Jedoch lesen Trauernde, wie Eltern ihren endlos großen Schmerz zum Teil bewältigt haben, der andere Teil der Trauer bleibt in Liebe und tief im Herzen für immer sitzen!
So ist es mir ergangen.

Renate Thiel